Apocalipse segundo Fausto

Apocalipse segundo Fausto

Marcos DeBrito

Copyright © Grupo Editorial Coerência, 2020
Copyright © Marcos DeBrito, 2018
Todos os direito reservados. Direitos desta edição negociados pela Authoria Agência Literária & Studio.

Todos os direitos desta edição reservados ao Grupo Editorial Coerência. Nenhuma parte desta publicação poderá ser reproduzida através de qualquer meio existente sem a autorização prévia da editora.

DIREÇÃO EDITORIAL **Lilian Vaccaro**	PRODUÇÃO EDITORIAL **Bianca Gulim**	PRODUÇÃO GRÁFICA **Giovanna Vaccaro**
DIAGRAMAÇÃO **Michael Vasconcelos**	REVISÃO **Bianca Gulim**	CAPA **Mirella Santana**
QUADROS *Narciso*, de Caravaggio *O Juízo Final*, de Hans Memling *O Aquelarre*, de Francisco de Goya	ILUSTRAÇÕES **Leonardo Salinas** Jurik Peter (Shutterstock)	ILUSTRAÇÃO DE GUARDA *O Juízo Final* (detalhes), de Hans Memling.

DADOS INTERNACIONAIS DE CATALOGAÇÃO NA PUBLICAÇÃO (CIP)

(Câmara Brasileira do Livro, SP, Brasil)

Brito, Marcos de
  Apocalipse segundo Fausto / Marcos de Brito. – São Paulo: Editora Coerência, 2020

  ISBN: 978-65-8706-805-3

  1. Ficção brasileira I. Título.

20-36815   CDD-B869.3

(Câmara Brasileira do Livro, SP, Brasil)
1. Ficção : Literatura brasileira   B869.3
Cibele Maria Dias - Bibliotecária - CRB-8/9427

São Paulo
Avenida Paulista, 326,
cj 84 - Bela Vista
São Paulo | SP – 01.310-902
www.editoracoerencia.com.br

PREFÁCIO

A alma humana abriga mistérios e paradoxos, paisagens desoladas e recantos escuros, e poucas obras conseguem refletir essa diversidade e compor um retrato verdadeiramente eficaz, no qual as contradições não se anulam, mas se complementam. *Apocalipse segundo Fausto* realiza com elegância essa façanha, conduzindo o leitor de forma suave e ao mesmo tempo implacável pelos caminhos secretos da culpa e da redenção.

Não é possível resistir à trajetória de Fausto em seu conflito entre a esperança de salvação e os terrores que seu coração abriga: somos todos indefesos nessa mesma jornada, que reflete a angústia de querer o bem e praticar o mal, de buscar entender sua vida e deparar-se a cada passo com novos abismos. O Universo indiferente, a Divindade ociosa e indecifrável, o Príncipe das Trevas atento e voraz... Esses são os antagonistas do aflito personagem, que tem o nosso rosto. Impossível ficar alheio à luta que trava, com inteligência e sinceridade, para defender sua alma, sua coerência e sua humanidade contra um destino que não consegue compreender; um destino para ele inaceitável.

Fausto, afinal, é inocente, é culpado...? É um homem bom ou apenas tenta ser inutilmente? Esse pêndulo moral, essa oscilação fatal, desenrola-se em meio a um retrato minucioso e perfeito da sociedade moderna. A mídia com sua fome de simplificações e seus ferozes mecanismos, as contradições dos religiosos e suas doutrinas ocasionais, a hipocrisia como um manto dourado que esconde os interesses mais sórdidos, o desesperado fanatismo dos fundamentalistas... Esses são outros integrantes dessa trama de consequências imprevisíveis.

O leitor avança com olhos atônitos, ávido por respostas, que, como em toda boa história, vêm a seu tempo, em uma coreografia fascinante e inevitável, pontuada por uma sólida filosofia, referências históricas precisas e, inclusive, um toque de humor em algumas figuras retratadas com fina ironia — você as identificará de imediato.

Este não é um livro de terror como conhecemos; trata-se de uma jornada profunda pelos mistérios da existência humana, seus desafios e contrastes, sua ânsia de vida diante da eternidade. Altivo frente aos deuses, o Fausto de Marcos DeBrito caminha com passos gigantes e nos leva à compreensão de que a vontade humana desafia a morte e o destino na afirmação de si mesma.

Antonio Augusto Fagundes Filho,
autor de *O livro dos demônios*

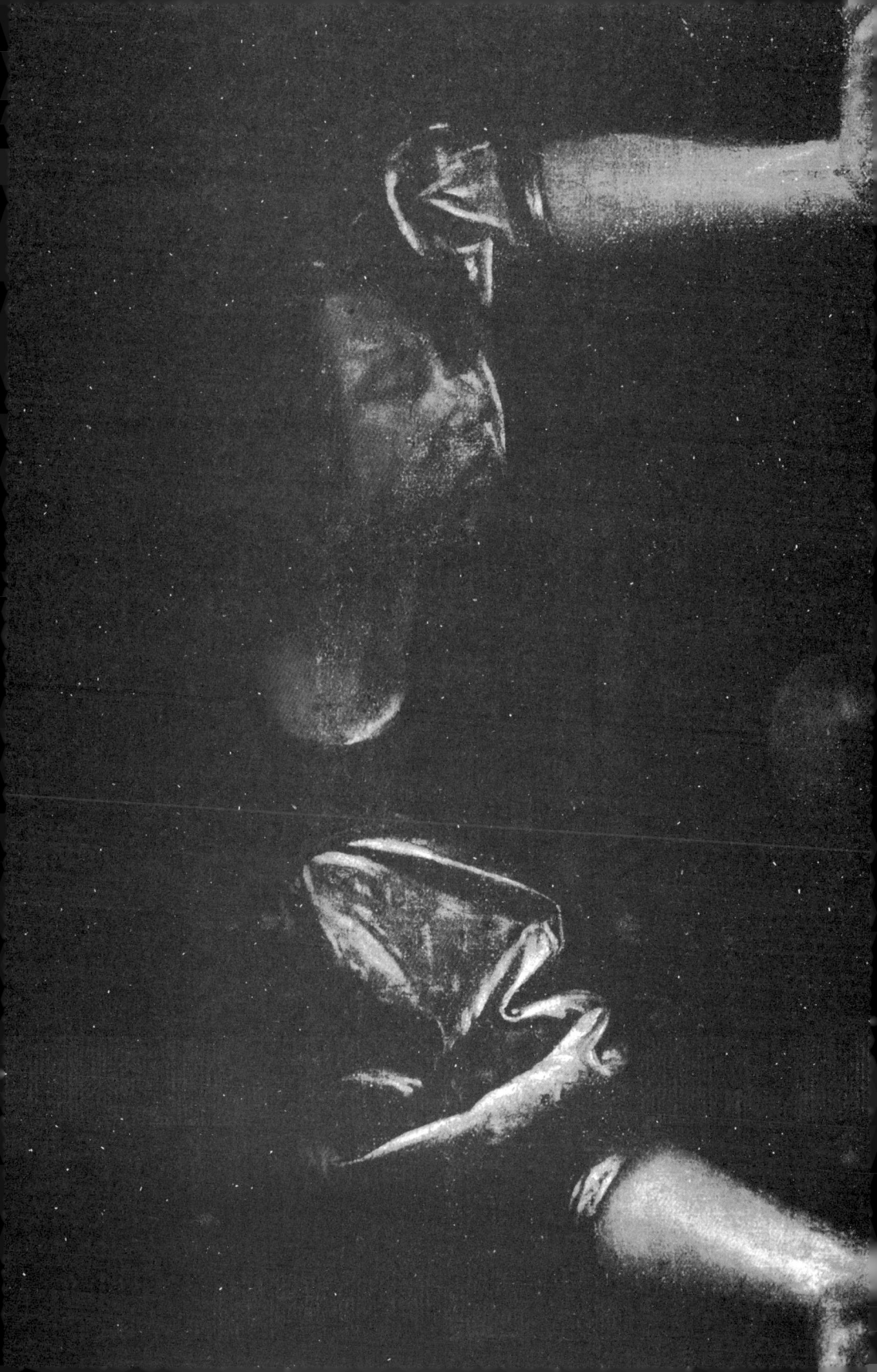

O verdadeiro Anticristo não surgirá como o antagonista místico do Messias, mas como aquele que trará desordem a um mundo perto do fim.

Luiz Felipe Pondé

PAIXÃO DE CRISTO

Fausto Macário como Jesus

Abertura dos portões:
16:00

Início do espetáculo:
18:00

PROGRAMAÇÃO:

O SERMÃO
Prólogo
Tentação no deserto
Sermão da montanha

TEMPLO DE JERUSALÉM
Discussões no templo
O sinédrio

O CENÁCULO
A última ceia

O HORTO
Agonia no horto
A traição
A prisão de Jesus

PALÁCIO DE HERODES
O bacanal de Herodes
Jesus perante Herodes

FÓRUM ROMANO
Jesus perante Pilatos
A flagelação de Jesus
A condenação de Jesus

A VIA-SACRA
Dúvidas de Maria
O encontro com Maria
As mulheres das lamentações
O cirineu

O CALVÁRIO
O desespero de Judas
Crucificação e morte
A descida na cruz
Mater dolorosa

O SEPULCRO
O sepultamento
A ressurreição
As três Marias
O anjo da ressurreição
A ascensão

CRUCIFICAÇÃO E MORTE

Era o segundo ato do Calvário.

Jesus estava enfraquecido mortalmente após o açoitamento ordenado por Pilatos. A coroa de espinhos, colocada em sua cabeça para representar o escárnio dos romanos ao suposto Rei dos Judeus, juntou-se ao flagelo de suas chagas. Quando teve as palmas das mãos e os pés perfurados por pregos de metal para prendê-lo à cruz que lhe traria o fim da vida, seu corpo foi erguido e os soldados repartiram suas vestes entre si.

Fausto interpretava a dor de Cristo como se fosse o próprio filho de Deus em seu último momento entre os homens. Os mais religiosos na plateia do teatro a céu aberto de Nova Jerusalém derramavam suas lágrimas ao presenciarem tamanha veracidade na encenação do martírio.

Entre os ladrões crucificados, um à sua direita e outro à sua esquerda, o ator proferia com louvor as famosas falas do Messias, prometendo-lhes em verdade o Paraíso.

Os efeitos de luz no cenário, acompanhados de ruídos sonoros imponentes, simulavam as trevas que cobriram toda a Terra a partir da hora sexta. Como Jesus fizera na hora nona, Fausto encheu-se de capricho para declamar, com voz sofrida, a derradeira fala de Cristo antes de seguir ao Seu Reino:

— Pai... — Ergueu as vistas em direção ao firmamento. — Em tuas mãos entrego o meu espírito.

Tombou a cabeça, com seu último suspiro.

Sem aviso, o município de Brejo de Madre Deus foi tomado por uma forte ventania. Incomuns às noites outonais de Pernambuco, nuvens negras relampejantes conquistaram o céu, dando início à pior das tempestades.

A chuva grossa refletia o choro copioso dos anjos sobre a morte do filho de Jeová, e os rugidos rancorosos que vinham das nuvens soavam como o urro de um Deus vingativo prestes a punir os homens por seus pecados.

Um relâmpago atingiu o solo. O estrondo ensurdecedor de uma trovoada apagou as luzes do palco ao ar livre, emudeceu as caixas de som e impôs à plateia um espetáculo de destruição.

O COSMOS

Do exato centro da galáxia, entre as mais belas e imponentes nebulosas na imensidão espiral da Via Láctea, um buraco negro supermassivo rege a marcha dos astros.

Formado por uma supernova ancestral muito anterior à criação dos deuses, o anel molecular de Sagitário repousa como um leviatã espacial misericordioso, que mantém distantes da Terra as devastadoras explosões cósmicas de seu núcleo revolto.

Em sua longevidade infinda, alimentando-se do plasma e da poeira interestelar ao seu redor no disco galáctico, um abalo extraordinário aconteceu. De dentro do seu coração misterioso, onde o tempo para e o espaço deixa de existir, uma emissão de energia desenhou no infinito um raio mais veloz que a luz e milhões de vezes mais potente que o Sol.

Quando foi, não se sabe. Muito menos se foi um mero acaso na extensa vida dos corpos celestes que habitam o Universo — como explicado pela ciência — ou vontade divina — como alardeiam os religiosos frente ao inexplicável.

Se estes pudessem ver a grandiosidade do espetáculo sideral, não haveria dúvidas de que atribuiriam sua imponência ao próprio Criador e, deslumbrados pela estonteante beleza enganadora, começariam a venerar o mortífero traço luminoso como a um falso Messias, inscientes de seu poder destrutivo até ser tarde demais para alcançarem a salvação.

Livro de Fausto

1.

1 Um estranho timbre indistinto ecoava no céu. No entanto, entre as nuvens fechadas que observava pela janela do consultório da minha terapeuta, nada parecia diferente de um cinzento final de tarde em abril.

2 Olhei para a dra. Laila, que disfarçava o incômodo por eu ter me levantado no meio da nossa conversa. Direcionou seus olhos ao relógio, e compreendi que era para indicar que o tempo estava passando. Apontei para fora, mas ela aparentou não ter entendido minha pergunta silenciosa.

3 — Certeza que não ouviu? — Decidi pôr voz à interrogação no meu rosto.

4 — Talvez você também não, Fausto. — Convidou-me com a mão a sentar, e, curioso pelo que ela tinha a dizer, obedeci. Suas conclusões a respeito dos traços do meu comportamento eram justamente o motivo de eu estar ali. — Você está escutando algum outro barulho?

5 O desafio me fez apurar a audição por alguns segundos, e comprovei que o silêncio imperava naquela sala bem decorada. Nenhum som reverberava pelas paredes preenchidas por diplomas enquadrados ou pelo piso escondido pelo carpete. Por mais que me esforçasse, nada ouvia além de suas palavras me questionando.

6 — Agora nada.

7 — Isolei essa sala pra não ter problema com ruídos. Se a janela estivesse aberta, eu poderia concordar que alguém passou pela rua buzinando.

8 — Não foi buzina — interrompi, sem ser indelicado. — Foi um som mais... Sei lá... Parecia um tipo de berrante, só que meio metálico. E não tava vindo da rua. Era de mais longe.

9 O rumor inusitado tinha toado baixo, de maneira quase inaudível. Foi como se uma frequência de rádio tivesse sido sintonizada no meu ouvido. Já tinha passado, e eu não sabia como descrevê-lo. Fiquei, entretanto, parado alguns segundos, buscando uma similaridade entre o barulho e algum tipo de instrumento.

10 — Fausto... — Fui puxado de volta à realidade pela doutora. — Como você está se sentindo em relação à sua idade?

11 Uma pergunta diferente da esperada, mas ela costumava trazer conclusões interessantes quando fazia isso. Devia ser tática de psicólogo, vir pelas beiradas antes de atacar o centro. Quem sabe não pudesse trazer uma revelação importante sem antes preparar o terreno para que não houvesse uma negação do paciente...

12 — Normal. — Dei de ombros. — Talvez mais cansado. Mas acho que é isso que a gente espera quando passa dos trinta.

13 — Além do cansaço. Não tem algo a mais te incomodando?

14 O fato é que havia, mas não sabia o que era e não podia dar uma resposta sem ao menos especular o que estava me deixando ansioso.

15 Após refletir um pouco, veio-me à mente o desgosto por algo que eu notara ter surgido na pele do rosto da noite para o dia.

16 — Não sei se é porque ensaiei muito no sol pra fazer a última peça, mas dá uma olhada. — Aproximei-me de Laila e ergui meus cabelos longos. — Tá vendo? — Ela analisava minha face com a expressão de quem não estava entendendo o que

eu tentava mostrar. Seu silêncio fez com que eu voltasse a me recostar no sofá, presenteando-a com a resposta: — Tem duas pintas novas na minha testa. Uma de cada lado.

17 — Isso é comum. Ainda mais pra você, que tem a tez clara.

18 — Só me falta agora começar a ter um monte de manchas no rosto — reclamei, mas não por mera vaidade.

19 Para interpretar um papel, o cenho de um ator tem de ser uma tela em branco, pronta para ser colorida com a tinta das emoções mais variadas. Tudo bem que, quando certos personagens exigem um biotipo específico, os traços físicos pesam na seleção para um trabalho. Não adianta ter a altura de Davi e querer atuar como Golias.

20 Fiquei balançando a perna sem encará-la. Se fosse aquele o meu grande impasse, deveria estar me sentindo mais calmo depois de tê-lo exposto, só que não era o caso.

21 — Acredito que exista um dilema mais simbólico escondido atrás desse seu incômodo.

22 Senti a alfinetada de sua análise incisiva.

23 — Meu incômodo com as pintas?

24 — Com as pintas, com o barulho que você disse estar escutando... Colocar a culpa em coisas menores, ou imaginárias, pode ser um tipo de fuga pra algo maior que realmente te estorva.

25 Nenhum detalhe lhe escapava. Devia ter a mesma idade que eu, mas as roupas recatadas, o cabelo sempre preso e a postura extremamente profissional por trás dos óculos discretos conferiam-lhe uma aparência mais velha, que pesava a favor de toda a experiência alardeada pelos diplomas emoldurados nas paredes.

26 A dra. Laila Frender não era apenas formada pela principal universidade do país como também tinha mestrado na Europa e doutorado em psicanálise nos Estados Unidos. No armário atrás da sua mesa, os livros que escrevera apoiavam-se

entre os de filósofos renomados e dos principais pensadores da psique humana, conferindo-lhes, indiretamente, ainda mais propriedade.

27 Meus problemas de comportamento estavam bem amparados.

28 — O personagem pelo qual você ficou famoso — continuou, sem me dar trégua. — Você vem o interpretando há quanto tempo?

29 — Uns sete ou oito anos.

30 — E fez algum outro nessa quase uma década? — Neguei sem dizer nada. Não havia vergonha em ser ator de um único papel. Meu rosto se assemelhava ao das pinturas sacras do Renascimento, e nunca me faltara trabalho. Pelo contrário. — Você entende a influência disso na sua cabeça, Fausto? Ainda mais com um personagem tão emblemático como o seu...

31 Percebi um tom velado de acusação. Mesmo que talvez estivesse me preparando gradualmente para ouvir um diagnóstico, senti-me desconfortável com o que estava insinuando.

32 — Nunca achei que eu fosse Jesus — rebati, sem esconder a impaciência.

33 — Não digo isso. Inclusive, acho muito provável que o sentimento de culpa por se comparar a Cristo já te faria repudiar esse tipo de projeção. Além do que, se você se julgasse capaz de andar sobre a água, certamente não seria aqui que estaríamos conversando. Mas é impossível não relacionar a própria vida aos acontecimentos reais da de alguém tão importante e que você interpreta há tanto tempo. É isso que eu acredito que esteja te deixando inquieto. — A pausa dramática serviu para me deixar curioso. Eu ainda estava na defensiva, mas queria escutar sua conclusão. — Você está com trinta e três anos, Fausto. Jesus morreu com a mesma idade que você tem hoje.

34 Sua postura na cadeira continuou ereta, e seus olhos não se desviaram dos meus. Não sei se era a forma como se expressava

ou a linguagem corporal autoconfiante, mas ela sempre me convencia da coerência de seu modo de pensar.

35 Nitidamente, analisava minha resposta emocional ao que acabara de dizer. Todos têm medo da morte. É o que nos proíbe de continuar aproveitando nossas conquistas em vida para arremessar-nos na solidão de um sarcófago escuro. Comigo não era diferente. Usei, entretanto, o máximo de minhas qualidades como ator e menti. Fingi o melhor que pude para não demonstrar que meu medo era causado por uma associação irracional com uma vida que não era minha.

36 — Não sei... Acho que essa foi meio longe. — Consegui até simular uma risada desdenhosa. — Só devo tá é nervoso com o programa de TV que fui convidado pra participar hoje.

37 Por um breve momento, encarou-me em silêncio. Não tinha certeza de que ela acreditava no que eu havia falado, mas não demorou para abrir um sorriso diplomático.

38 — O que você acha que irão te perguntar?

39 Desviar a temática da sessão podia ter sido uma estratégia para escapar de algo do qual eu não queria conversar, mas participar de uma entrevista com um apresentador notório por provocar seus convidados com perguntas indiscretas era, sim, um real motivo para apreensão.

40 — Espero que o mesmo de sempre — manifestei meu receio.

2.

¹ Aquele sorriso obrigatório já cansava meu rosto. A plateia do programa aplaudia e gargalhava dos incessantes comentários irônicos do anfitrião, que fazia questão de improvisar piadas com qualquer frase que eu dizia.

² O espetáculo diário de bobagens era apresentado depois da meia-noite por uma grande emissora e tinha ótimos índices de audiência, consolidando-se em segundo lugar no ranking geral das exibições daquele horário.

³ Infelizmente, não pudera ignorar o convite do meu agente para aquela entrevista. Como ator, dependia da evidência da minha imagem e precisava comparecer com certa frequência a eventos cujas propostas não correspondiam ao meu jeito de pensar. Como era gravado durante o final da tarde e no meio da semana, não encontrei nenhuma desculpa para ficar quieto no meu canto.

⁴ — Mas me conta... E esse seu nome, hein? — dirigiu-se a mim novamente, após o fim das risadas do auditório. — "Fausto Macário." De onde veio isso?

⁵ — Estranho, né?

⁶ "Não se esqueça de sorrir", era o mantra que eu repetia para mim mesmo.

⁷ — Certeza que não é artístico?

⁸ — Absoluta. É o que tá na minha certidão.

9   Percebi que ele anotava algo. Provavelmente, uma piada para aproveitar a ambiguidade que o meu nome trazia ao ser comparado com o do meu personagem.

10   — Você foi batizado?

11   — Como todo bom filho de católico.

12   — E a água benta da bacia não te queimou, não?

13   O som da bateria pontuou a anedota como sinal para a plateia interagir. A banda do programa já vira dias melhores quando embalara os jovens com os sucessos que ainda eram tocados em algumas rádios saudosistas. Agora, servia apenas de adendo sonoro às palhaçadas do apresentador, e seu vocalista abria a boca de vez em quando para soltar comentários igualmente sarcásticos.

14   — Com esse nome, era mais fácil interpretar o Capeta do que Jesus de Nazaré — falou, arrancando risos incontroláveis do âncora humorístico.

15   — Meu pai era um cara que lia muito, ia ao teatro... — Senti-me na obrigação de explicar, sempre obedecendo ao meu mantra. — Acabou me dando o nome de dois personagens que ele gostava.

16   — Que, pra quem não sabe, são dois personagens que venderam a alma pro Diabo, tá? Só isso.

17   Depois da antipática difamação, as risadas no auditório deram lugar a um desagradável murmúrio. Meus seguidores mais fervorosos não eram leitores de poemas trágicos alemães nem apreciadores do ultrarromantismo. Suas referências literárias eram mais simples ou estritamente religiosas. Comparar-me a alguém que vendera a alma para o Demônio poderia enfraquecer minha aura de santo perante um público que eu não podia perder.

18   — Mas é simbólico... tem contexto — retruquei com bom humor e serenidade na voz. — *Fausto* nunca foi a história de um homem que faz um pacto em troca de riquezas, mulheres,

prazeres infinitos... É sobre um médico, um estudioso, que se sacrifica em busca de progresso e conhecimento. Ele passa por várias provações e, no final, consegue o perdão de Deus. Lembra muito a história bíblica de Jó. E *Macário* é uma discussão moral de algumas questões sociais da época em que foi escrito, além de ser um debate psicológico sobre a sedução do Mal, apresentado de uma forma extremamente lírica.

19 Tentei simplificar a explicação, e isso pareceu amenizar o incômodo de alguns devotos. Citar um livro canônico sempre agradava aos mais beatos, e esse era um argumento que eu havia treinado bem.

20 — Achei meio decoradinha essa sua resposta. — O sujeito ainda quis me quebrar com um deboche.

21 — Boa, né? — Mostrei os dentes em um sorriso falso. — É uma pergunta que recebo muito.

22 — Então quer dizer que você não fez nenhum pacto pra ficar famoso interpretando o Filho de Deus?

23 — Não, não. Longe disso.

24 — Certeza?

25 — Foi só dedicação mesmo, e muita humildade. Não tem como ser de outro jeito. Ainda mais depois de tanto tempo revivendo essa história maravilhosa de sacrifício e generosidade.

26 Alguns fãs foram ao delírio com as minhas palavras de louvor. Quando um apresentador não interrompia minha pregação, corria o risco de perder o controle sobre a plateia.

27 — E como é que é, hein? Interpretar Jesus em tudo quanto é lugar... No cinema, TV, teatro... Porque, quando alguém fala "Jesus", é o seu rosto que aparece na cabeça de todo mundo.

28 — Não é tão assim. Sou só mais um ator que nem qualquer outro. — A modéstia que aprendera com o personagem me obrigava a discordar, apesar de eu saber o grau da minha influência.

29 Entre os jovens e idosos, havia faixas declarando seu amor a mim como uma reencarnação do Messias.

30 — Tô mentindo, auditório? — Inflamou os carolas, que celebravam minha presença. — As senhorinhas te param muito na rua pra pedir uma bênção?

31 — De vez em quando, né? — Rendi-me à vaidade. — Mas não me incomoda. É o papel da minha vida. Tenho muito orgulho de poder me dedicar só a ele, de corpo e alma, além da sorte de receber esse carinho imenso das pessoas que me aceitaram pra interpretar esse homem maravilhoso que doou a própria vida pra salvar todos nós.

32 Vieram os aplausos esperados e alguns até jogaram as mãos para cima em oração. A reação era sempre essa quando eu impostava a voz para glorificar o Salvador, e esse costumava ser o ponto alto das entrevistas de que participava. Geralmente, depois disso eu me despedia.

33 — E falando em papel da sua vida... — Pegou-me de surpresa ao atravessar meu agradecimento. — Você tá com quantos anos?

34 Toda a alegria que eu me esforçava em manter no rosto foi embora. Ergui as minhas defesas e não fui mais capaz de obedecer ao mantra, que me mandava sorrir.

35 — Trinta e três — respondi, apreensivo, sabendo que tinha pisado em uma armadilha.

36 — Pois então... Trinta e três anos foi uma idade meio difícil pra Jesus, não foi?

37 Espirituoso, o baixista da banda emendou a "Marcha fúnebre", de Chopin, para piorar a situação.

38 Tentei disfarçar o meu constrangimento, mas a tensão não me permitia abandonar a expressão de incômodo.

39 — Quando um ator sabe que vai interpretar uma personalidade real, a gente treina bastante o psicológico pra não

misturar a própria vida com a do personagem. — Puxei da terapia uma explicação que fizesse sentido na esperança de que afastasse o anseio incontrolável do âncora por fazer graça com algo que estava me perturbando mais do que eu gostaria.

40 — É... Mas fiquei sabendo que, na última vez que você fez Jesus, na *Paixão de Cristo* de Nova Jerusalém, na semana passada, não teve ressurreição. É verdade isso?

41 — Teve aquele temporal lá em Pernambuco, na Sexta-feira Santa. A gente tava encenando o Calvário quando começou a cair granizo e não deu pra terminar a peça.

42 A notícia do vendaval inesperado em Brejo de Madre Deus ganhara manchete nos principais jornais por sua força atípica. Não havia como esconder. Se eu falasse alguma inverdade, poderia ser julgado pelo meu público-alvo com base nas palavras do Livro de João, comparando-me ao Pai da Mentira.

43 — O Calvário é quando tem a Crucificação, certo? — Sua pergunta visivelmente retórica não me dava outra opção senão a de concordar e aguardar a grande piada que ele devia ter formulado antes mesmo de começar a entrevista. — Então pronto! Você foi pregado na cruz, morreu, e não teve milagre. Jesus não ressuscitou, gente!

44 Acusação sem direito a defesa. Como se já tivessem ensaiado, foi dar sua fala de efeito e a banda começou a tocar a música que indicava o final do programa. Só pude responder com minha fisionomia de desgosto, que não seria enquadrada pela câmera, muito menos percebida pelo humorista, que estava ocupado demais sentindo-se o cara mais engraçado do mundo.

3.

1 Na saída, onde um carro da emissora me daria carona para o refúgio do meu apartamento no centro, deparei-me com algo imprevisto ao abrir a porta do estúdio com acesso à garagem externa.

2 Um grupo de pessoas aguardava por mim. Não chegava a ser uma multidão, mas seguramente preencheria todos os lugares de um ônibus fretado.

3 O que assustava não era o número, mas a devoção exagerada que expressavam em cartazes de louvor, camisetas com frases bíblicas e inúmeros círios acesos nas mãos de devotas, que oravam concentradas.

4 Uma das mulheres, muito simples, vestindo uma blusa estampada com meu rosto sob a coroa de espinhos, aproximou-se empurrando uma senhora debilitada em sua cadeira de rodas.

5 — O sonho da minha mãe sempre foi um dia poder tá de frente com o senhor — disse, com as vistas sempre voltadas para o chão, aparentemente envergonhada pelos pecados que eu deveria reconhecer. Olhei para a idosa e reparei que não se mexia. Sua expressão de tristeza era a mesma de uma estátua de mármore em um paço solitário, capaz de enxergar a beleza no horizonte, sem jamais alcançar um palmo de distância. — Já faz uma semana que ela tá desse jeito — revelou, com o luto característico de uma filha amorosa. — Antes de ficar assim, não parava de orar pra uma foto sua que tem lá na parede

de casa. Eu quis realizar esse sonho dela. Se pudesse nos dar uma bênção...

6 Aquele tipo de pedido sempre me deixava embaraçado. A ingenuidade de quem comparava minha competência de interpretação à capacidade de operar milagres beirava a loucura, e eu não queria alimentar falsas esperanças em desesperados. O jeito seria esquivar-me com a verdade de que eu não passava de um mero ator.

7 — Desculpa. É que eu sou só...

8 — Tenha misericórdia de nós, meu senhor. Quando soube que uma comitiva lá de Aparecida tava vindo pra cá, larguei tudo pra conseguir trazer a minha mãe. Não sei mais o que fazer pra tirar ela desse estado... Por favor. Eu acredito no senhor.

9 Seus olhos marejados prestes a verter lágrimas de desalento, ou os inúmeros fiéis, que me encaravam com ansiedade, convenceram-me a oferecer-lhe a paz que buscava. Nutrir uma falsa ideia de que eu pudesse, de algum modo, canalizar o poder de Cristo jamais fora minha intenção. Não via maldade, no entanto, em entregar-lhe os votos de esperança que ela tanto queria ouvir.

10 — Então, que seja feito segundo a vossa fé. — Encarnei o personagem e repeti Suas palavras como escritas em Mateus 9:29, quando curara os cegos à margem do Mar da Galileia.

11 Ignorei o desconforto e vesti-me da propriedade de Jesus para inclinar-me frente à cadeirante, fechar os olhos com pensamentos de cura e apoiar a palma da mão em sua cabeça.

12 Para mim, por mais que desejasse que a senhora se levantasse e me abraçasse, era apenas uma interpretação costumeira do meu único papel. Porém, para sua filha sofredora e os crentes que davam força ao meu pedido por meio da oração, parecia como se testemunhassem um ritual sagrado.

13 Foi quando aconteceu o improvável.

14 Assustei-me ao sentir os cabelos da idosa revirando-se sob meus dedos. Abri os olhos e vi que ela movia a cabeça em uma luta árdua contra seu pescoço endurecido. Quando suas vistas me encontraram, após o aparente esforço movido pela fé, sua boca mostrou-me os dentes em um sorriso tão desmedido quanto seus olhos arregalados. A fisionomia apática cedeu espaço a um estranho semblante de felicidade, que se prendeu à mulher de maneira assustadora e manteve-se congelado em seu rosto.

15 — Glória a Deus! Glória a Deus! — gritou sua filha, secando as lágrimas e beijando minhas mãos em gratidão.

16 Visivelmente convicta de ter presenciado um prodígio, empurrou a cadeira de rodas da mãe de volta ao ônibus, passando entre os companheiros da comitiva religiosa, que continuavam em oração, enquanto fiquei parado refletindo acerca do estranho evento que acabara de ocorrer.

4.

1 A imagem da idosa encarando-me como se eu fosse a reencarnação do Messias não saía da minha cabeça. Pensei, durante o caminho inteiro, nas razões que fizeram com que se movesse e cri haver chegado a uma conclusão que minha lógica permitia aceitar.

2 Os enfermos acometidos pela catatonia costumavam manter-se em uma posição dura e imóvel que podia durar horas, semanas ou mais, dependendo da severidade. Em casos menos graves, os atacados podiam sair de seu estado de apatia e apresentar uma atividade motora limitada, como parecera ter ocorrido.

3 Como a esquizofrenia era uma das causas neurológicas dessa perturbação, sua crença fervorosa talvez a tivesse feito acreditar que estava perante seu ídolo espiritual, e isso decerto estimulara seus músculos a vencer a rigidez.

4 Essa era a única explicação viável, tendo em vista que a outra opção seria crer que minhas mãos canalizaram os poderes crísticos descritos por autores inspirados do Novo Testamento.

5 Quando cheguei ao meu apartamento, já havia me convencido do que era verdade.

6 Abri a porta e, ao acender a luz, encontrei no chão o jornal do dia. Uma das vantagens de ter um porteiro religioso era não precisar me preocupar com a correspondência. Em troca desses pequenos agrados, como empurrar por baixo da minha

porta os periódicos, bastava-me sorrir para que ele ganhasse o resto do dia.

7   Retirei o plástico azul que protegia a publicação e fui açoitado mais uma vez pelo assunto que parecia me perseguir: "Jesus está morto".

8   Era essa a manchete do jornal de maior circulação no país, e, como se não bastasse a frase sensacionalista para atrair leitores menos instruídos, a imagem estampada na capa mostrava-me crucificado durante o último dia de apresentação da *Paixão de Cristo*, na semana anterior.

9   Não quis saber se a matéria relatava os estranhos eventos climáticos no interior de Pernambuco ou se era uma provocação de algum jornalista avesso à crescente onda evangélica, que deturpava costumes e envenenava a política. Alimentei a lixeira com seu conteúdo rançoso e fechei a porta, indo em direção ao quarto.

10   Minha cama me abraçou com o carinho que eu precisava para esquecer-me daquele dia e o colchão moldou-se às minhas costas com o mesmo aconchego com que uma nuvem celestial recebe um anjo prestes a ressoar as cordas de sua harpa.

11   Mesmo exausto e cedendo aos encantos de um leito macio que me convidava a repousar, não consegui espantar o meu incômodo. Sabia que algo me perturbava desde que retornara a São Paulo, mas só depois da terapia descobriria o que era.

12   A associação entre ter a idade de Cristo crucificado e não ter interpretado Sua ressurreição fazia sentido após a explicação da dra. Laila. Pelo visto, não era algo tão complicado assim de se imaginar, uma vez que essa teoria fora repetida por diferentes vozes.

13   Não demorou para que o sono me obrigasse a fechar os olhos. As pálpebras pesadas cortinaram minha visão e pude, finalmente, adormecer.

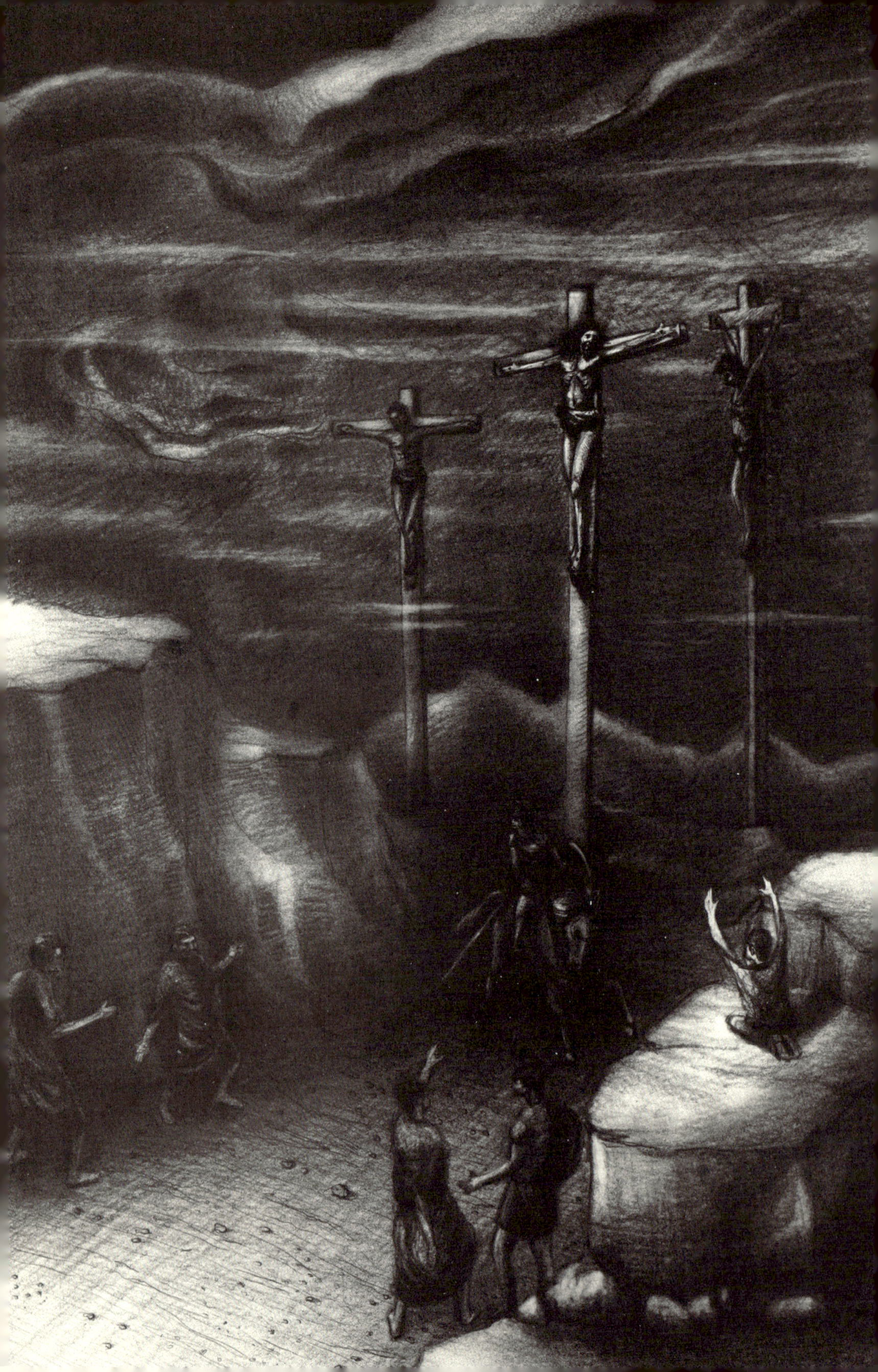

Mansão dos mortos

No palco de um enorme teatro, Fausto — com as mesmas vestes surradas de Jesus na penosa Via-sacra — caminhava descalço pelo tablado sem saber onde estava.

O cenário ao seu redor assemelhava-se a uma floresta sombria formada por árvores de galhos retorcidos e sem folhas, próxima a muros rochosos, nas profundezas de um penhasco.

Em um enorme pano estendido no fundo, a paisagem retratada à tinta trazia profundidade artificial por meio de pinceladas em perspectiva. Acima dele, havia uma maquete da colina onde fora erguida a cruz, representando a imensa distância entre o Calvário e as entranhas do abismo.

A miniatura do pátio da Crucificação foi sendo içada por roldanas escondidas no teto, passando a ideia de que o ator estivesse descendo cada vez mais no despenhadeiro. O ruído estridente das carretilhas mal engraxadas fez com que ele cessasse os passos para observar as três cruzes desaparecerem.

Um novo som, abafado e discreto, começou a ecoar. Soavam como cascos de algum animal corpulento caminhando em degraus de concreto.

Na busca pelo que seria, Fausto voltou-se novamente para a frente e viu, no centro da arena dos atores, uma estranha construção, que parecia ter brotado do solo. Sua arquitetura rústica assemelhava-se à de um mausoléu ancestral erigido com blocos disformes de pedra. Entre os elevados pilares que sustentavam uma pesada moldura triangular, havia um enorme portão de ferro.

Era de lá que o barulho saía.

Quando a grande porta se abriu, o intenso clarão das labaredas impediu Fausto de fixar os olhos na entrada. Precisou desviar o rosto para não machucar as vistas, mas viu lançada nas paredes do cenário uma silhueta assombrosa.

O contorno de uma criatura bípede com pernas de bode e chifres na testa bastou como introdução. A sombra demoníaca vislumbrada por poucos segundos antes de a passagem fechar-se novamente não deixava dúvidas sobre a identidade de seu dono.

Abrigado na escuridão, o som dos cascos na madeira do palco ressoava cada vez mais perto. Fausto não conseguia enxergar o que se aproximava pela penumbra, pois a acanhada luz do cenário não devorava o breu que encobria a criatura.

Enrijecido pelo medo de quem estava prestes a aparecer, o coração do ator surrava o peito, e suas pernas eram incapazes de obedecer ao anseio de fugir.

Quando, enfim, a Besta antes obscurecida invadiu o traço luminoso de um holofote, revelou-se de modo inesperado na forma de um homem. Suas vestes negras estavam acompanhadas de um longo manto da mesma cor, cujo interior era escarlate. A cabeça desprovida de pelos, pintada de branco até o começo do pescoço, acentuava a sombra maquiada ao redor dos olhos castanhos, destacando o abusado batom encarnado nos lábios e as finas sobrancelhas desenhadas na testa, que lhe davam um caráter jocoso e, ao mesmo tempo, maquiavélico.

O enigmático indivíduo parou à sua frente e encarou-o sem demonstrar emoção. Não sorriu ou intimidou Fausto com sua presença, apenas permaneceu hirto como uma estátua gótica, aguardando que o ator analisasse sua imagem.

— Isto faz parte da ironia, Fausto. — O estranho apontou para a própria maquiagem, quebrando o silêncio. — Assim como vieste de Jesus à minha porta, apresento-me a ti como alguém que um homem das artes, principalmente tu, deves reconhecer.

O rapaz fantasiado de Cristo logo desvendou o motivo da aparência escandalosa: era uma provocação. Entre as diversas manifestações culturais que adaptaram a lenda de Fausto, aquela fisionomia de Mefisto — que originalmente aparecera no longa-metragem europeu de 1981 — era a mais reconhecida no mundo.

Ao olhar o palco com mais atenção, notou também que o cenário ao seu redor assemelhava-se muito ao do teatro no qual o personagem principal vendera a alma ao Partido Nazista.

Compreendendo a anedota, Fausto acenou positivamente, sinalizando que sabia quem estava diante de si.

— Dentre todas as formas com que me retratam, acho esta a que mais combina com teu talento — continuou o Diabo, adulando o visitante. — Quis receber-te de maneira apropriada, mas não posso permitir que entres em minha casa vestido desse jeito.

— Sua casa?

O anfitrião daquele local sombrio mostrou-lhe as letras esculpidas na pedra da moldura sobre o portal do mausoléu, na qual lia-se "*She'ôhl*".

— Está em hebraico. — Fez questão de explicar. — Há várias traduções na Bíblia, mas gosto de quando chamam de "Mansão dos mortos", mesmo não sendo a mais correta.

Fausto abalou-se com a revelação de estar perante os famigerados portões do Inferno. Se *A divina comédia*, de Dante, fosse não só um mero poema mas também o mapa detalhado dos sofrimentos no Tártaro, era no Limbo onde estavam conversando.

— Não acho que eu deveria vir pra cá. — Tremeu a voz, incrédulo, olhando espantado para a entrada selada do Abismo.

— Não? — Avançou Mefisto alguns passos, acuando Fausto. — O que te deu a impressão de que és merecedor de outra companhia que não a minha?

A resposta parecia óbvia, entretanto o ator proferiu-a com parcimônia:

— O personagem que interpreto?

— E crês que fingir-te de Cristo, dando falsas esperanças a devotos ansiosos pela segunda vinda do Messias, trará algo diferente da condenação?

Verdade que todos os livros da Santa Escritura eram categóricos em relação à punição para quem surgisse com o propósito ardiloso de persuadir o rebanho a adorar alguém que não as figuras da Santíssima Trindade. Por outro lado, a Bíblia também atribuía ao Diabo a capacidade de manipular palavras sagradas e deturpá-las com interpretações enganadoras. Com isso em mente, Fausto decidiu rebater, na intenção de afastar a ideia de que sua alma estivesse fadada ao sofrimento eterno.

— Nunca passei essa ideia pra ninguém. Sou só um ator.

— Tens certeza, Fausto, de que és apenas um ator? — contestou, provocando um silêncio acovardado, e deu-lhe as costas para parafrasear os discípulos de Cristo enquanto caminhava invadindo o breu: — Está escrito, não só em Mateus como também no Livro de Marcos, que é por meio de prodígios que o Falso Profeta vai erguer-se nos dias de aflição. E que ele será alguém que finge ser Cristo. — Virou-se novamente ao convidado. — Ninguém finge melhor do que um ator.

Fausto não podia ignorar o fato de que representava o Nazareno com maestria e de que, se alguém no mundo pudesse ser confundido com o Filho de Deus por crentes deslumbrados em busca de um salvador, esse alguém seria ele. Lembrou-se, porém, de um detalhe que o absolveria da culpa que o Maldito estava querendo imputar-lhe.

— Mas esses "prodígios" da Bíblia se referem aos milagres — proferiu, aliviado, certo de não ter o dom para operar tamanhas maravilhas.

— E não pousaste tua mão sobre a cabeça de uma enferma?

Mefisto jogava suas cartas sabendo que sempre teria a mão vencedora. Estrategista e falacioso, suas indiretas atingiam o coração, transformando certezas cartesianas em dúvidas desconcertantes.

O rapaz buscou na memória o que a Serpente estava insinuando e não demorou a lembrar-se da idosa catatônica.

— Aquilo não foi o que você tá fazendo parecer. — Rejeitou a acusação de ser capaz de canalizar o poder divino da cura.

— Se foi ou não, Fausto, o que importa são as palavras que dirão a respeito de ti. Para uma filha angustiada por ter a mãe presa a uma cadeira de rodas, sem mover sequer um músculo, até mesmo uma piscada de olhos pode ser apontada como milagre. E não foram poucas as testemunhas que viram teu prodígio.

— Foi uma encenação! Só isso. — Desesperou-se. — E, se com o meu trabalho posso trazer algum conforto pra alguém que esteja sofrendo, não vejo como isso possa pesar contra.

Para os católicos, a relação com Deus tinha um forte cunho capitalista. Em troca do direito de cruzar os portões celestiais, ofereciam adoração. Se essa moeda estivesse desvalorizada pelo recorrente índice de pecados, apelavam às boas ações para reconquistarem o privilégio.

— Sempre seduziste o rebanho de Cristo com tua falsa imagem do Messias — rebateu, revelando-lhe sua missão obscura. — Tu sabes a quem esse atributo se refere na Trindade Profana.

Em oposição à Tríade Sagrada — composta pelo Pai, o Filho e o Espírito Santo —, a versão herética era formada por Satanás, o Anticristo e o Falso Profeta. Segundo o Livro do apocalipse, cada um deles desempenharia um papel importante no final dos dias.

Fausto, buscando compreender o sentido do que lhe era revelado, foi presenteado com a maior das blasfêmias. No centro do palco, uma enorme cruz desceu presa a correntes. Crucificado a ela estava o ator, morto, com as chagas sangradas e chifres de cordeiro na testa.

Ver a imagem Daquele que morrera pelos pecados dos homens ser maculada como um símbolo satânico era mais perturbador que presenciar o próprio corpo sem vida e com os cornos de um animal na cabeça.

Admirando a confusão que corrompia a sanidade do rapaz, Mefisto alcançou seu ouvido e sussurrou:

— Tu és o enganador que prega a paz durante a guerra para que eu seja adorado no final dos tempos. — Afastou-se lentamente, encarando-o com ar vitorioso. — Podes resistir ao teu real propósito agora, mas em verdade te digo que, quando aceitares teu destino ao meu lado, irás desejar a todos a danação por terem te traído.

Perplexo, o ator prontamente associou a quem pertenciam aquelas profecias.

— Essas são palavras de João Evangelista sobre a vinda do Anticristo.

— Pois é ele quem tu proclamas, Fausto.

Ainda desnorteado, encarou mais uma vez o próprio cadáver preso à cruz, buscando sentido naquele insólito encontro diante do umbral do Inferno.

5.

1   Despertei do pesadelo com a sensação de não ter pregado os olhos a noite toda. Levei alguns segundos para reconhecer as paredes do meu quarto.

2   Não só minha cabeça doía mas também as costas e o tórax. Meus braços dormentes encontravam-se estirados para os lados, entregues ao colchão como se eu estivesse ali crucificado. Devia ter me revirado muito na madrugada para acordar nessa posição.

3   Levantar-me da cama foi um martírio quase semelhante ao de sustentar uma cruz. A indisposição limitava meus movimentos, que iam sendo reconquistados a muito custo a cada passo sofrido em direção ao chuveiro.

4   O calor da água escorrendo pela minha pele levou embora o mal-estar, mas não a lembrança do meu encontro com o Diabo. De todos os sonhos estranhos que já tivera, com certeza esse fora o mais obscuro.

5   Refletir sobre o propósito daquele involuntário devaneio satânico serviu apenas para deixar o banheiro envolto no que parecia uma neblina, tamanho o intervalo que desperdicei debaixo da água procurando algum sentido para as palavras mefistofélicas que não abandonavam meus pensamentos.

6   Ao sair do banho, a umidade no espelho embaçava o meu reflexo. Quando passei a mão para ver o rosto, algo nele me parecia diferente.

7   Uma das poucas vantagens da minha vaidade era ser capaz de reconhecer até mesmo as mais leves sutilezas que porventura danificassem minha cara. Como no quadro em que Caravaggio retratara Narciso admirando a própria beleza nas margens da lagoa de Eco, eu também gastava um bom tempo analisando o envelhecimento dos meus traços em busca de imperfeições.

8   Aproximei-me para ter certeza de não ser mera impressão e confirmei o indesejado: as pintas na minha testa haviam crescido. Estavam levemente saltadas e, aparentemente, com o diâmetro um pouco maior.

9   Nem toda simetria facial é agradável, e essas manchas eram uma prova disso. Estavam perfeitamente alinhadas, mas corrompiam minha aparência; além disso, era impossível não as associar à minha imagem retratada com chifres de cordeiro no pesadelo.

10   Naquele momento, restou-me encobri-las com os cabelos para que ninguém reparasse.

6.

1 Era notório que a fé e a medicina haviam se enfrentado muitas vezes, mas, no âmbito histórico, isso podia ser considerado recente, pois a aplicação do método científico na área da saúde surgira apenas no século XIX. Era comum, anteriormente, que o efeito dos tratamentos fosse atribuído a algo mágico-religioso.

2 No dr. Lucas, um pouco de ambos os mundos fora acolhido. Ele obtivera seu diploma de clínico geral muito antes de eu ter nascido, e seu aprendizado se baseara nos princípios da causalidade determinista, como em qualquer boa faculdade de medicina. Ainda que sua formação fosse fundamentada nos conceitos da física de Newton, ele também acreditava que as crenças espirituais e religiosas contribuíam de maneira positiva não só para a saúde dos pacientes como também para a própria felicidade.

3 O crucifixo de metal preso à parede e as imagens de santos católicos sobre a mesa, entre as fotos de seus filhos, sempre me chamavam a atenção.

4 — Tem frequentado lugares barulhentos?

5 Colocou seu otoscópio gelado em minha orelha.

6 — Não.

7 — E café ou chá? Costuma beber muito?

8 — Acho que normal. Por quê?

9 — Cafeína demais às vezes pode provocar o zumbido. — Apoiou o instrumento na maca em que eu estava, prendeu a

braçadeira do medidor de pressão acima do meu cotovelo e começou a inflá-la, sem interromper o questionário: — Sente algum problema na articulação da mandíbula? Range muito os dentes à noite?

10 — Que eu me lembre, nunca acordei reclamando de dor.

11 O médico abriu a válvula da bomba e pela primeira vez ficou em silêncio. Vi que estava atento aos números do manômetro, mas logo me livrou do aperto no braço e retirou o estetoscópio dos ouvidos.

12 — Sua pressão está boa. E o último exame também não apontou diabetes. — Caminhou até a mesa repleta de enfeites religiosos, tirou os óculos e convidou-me com a mão a sentar. O dr. Lucas sempre me tratava com muita gentileza. Talvez fosse assim com todos os pacientes, mas ser reconhecido por interpretar alguém que ele venerava certamente influenciava sua exagerada preocupação com a minha saúde. — Aparentemente, está tudo normal. Não tem nenhuma inflamação ou cerume no canal auditivo... Você mencionou que não é constante?

13 — Durou, tipo, só alguns segundos e depois parou. Não foi muito alto, mas achei estranho que só eu tivesse escutado.

14 — Se fosse contínuo, poderia ser algum sintoma mais grave de perda da audição. O que não parece ser o caso.

15 — E da onde acha que tá vindo?

16 — São centenas de fatores que podem desencadear esse tipo de desconforto. Não sou otorrino pra te dar uma posição final, mas desconfio que o problema aí talvez seja de outra ordem.

17 Seu intervalo inesperado no diagnóstico teve um tom ligeiramente dramático.

18 — De que tipo? — Fiz questão de perguntar.

19 Os olhos do médico direcionaram-se à caneta que girava entre os dedos inquietos.

20 — Como você está, Fausto? Digo... emocionalmente.

21 — Tem relação uma coisa com a outra? — Fingi não ter entendido a insinuação para ter certeza do que ele estava sugerindo.

22 — Quando não se encontra nenhuma causa fisiológica, na maioria das vezes esse tipo de tinido pode ser um sintoma de depressão ou ansiedade.

23 — E por que você acha que eu tô deprimido?

24 Largou a caneta na mesa e voltou a encarar-me, nitidamente preocupado.

25 — Você fez trinta e três anos, Fausto. E lá em Pernambuco na Semana Santa...

26 — Eu tô bem, dr. Lucas. De verdade — interrompi, sem paciência para mais uma pessoa insistindo naquele mesmo tema.

27 — Tem certeza? Porque posso te indicar um profissional pra conversar, se for o caso.

28 — Não precisa. Se piorar, pode deixar que vou atrás de alguém.

29 Preferi não revelar que já me expunha mais do que gostaria em uma terapia. Meus encontros com a dra. Laila eram bem anteriores a esse acontecimento, e eu sempre os mantivera em segredo. A ideia de tabloides discutindo as falsas motivações que me fizeram aderir a um aconselhamento psicológico me incomodava.

30 Esse era um dos motivos por eu ter escolhido uma judia para conversar. Logicamente, os predicados clínicos foram determinantes para a primeira consulta, mas priorizara sobrenomes de ascendência semita na minha busca. Imaginara que alguém que não idolatrasse a figura messiânica de Jesus seria mais discreta, o que talvez não ocorresse se eu tratasse os meus dilemas com algum conhecido de paróquia do dr. Lucas.

31 Longe de mim insinuar que um profissional mais religioso pudesse quebrar a confidencialidade entre médico e paciente. O caso era que publicações sensacionalistas iriam se esbaldar se vazasse a notícia de que eu estava me tratando.

32 — Só não demore pra ver isso. Quero você bem firme como Cristo por muito tempo ainda — aconselhou com um largo sorriso, demonstrando a admiração que eu já sabia que nutria pelo meu trabalho. — Bom... mais alguma coisa incomodando?

33 No final das consultas, era comum ele declarar sua devoção parafraseando as mais famosas falas bíblicas eternizadas em minha voz no cinema, e eu emendava agradecendo humildemente por lembrar-se sempre dos meus textos. Alterei, no entanto, a rotina e apresentei outro problema:

34 — Pode até não ser nada... Mas umas pintas apareceram na minha testa, e acho que aumentaram de ontem pra hoje.

35 Levantou-se da cadeira prontamente e recolocou os óculos.

36 — Segura o cabelo pra trás. — Com os dedos de ambas as mãos, analisou as saliências. — Dói?

37 — Não...

38 Embora a motivação estética para exibi-las parecesse frívola demais, a outra — influenciada por uma imagem bizarra de um sonho kafkiano — não era uma razão que eu estava disposto a revelar.

39 — Quer remover? Isso é coisa rápida. Posso te encaixar com o dermatologista.

40 — Tem horário pra hoje? — Fingi naturalidade para mascarar meu desespero.

41 — Pro Filho de Deus a gente arruma.

42 Sempre temia que a crença do dr. Lucas pudesse algum dia interferir no seu julgamento clínico, entretanto não houvera motivos para duvidar de suas qualificações profissionais até então. Eu aceitava suas carolices, tal qual a que acabara de fazer, como um tipo de contrapartida pelo atendimento cuidadoso.

7.

1 Foi um processo cirúrgico simples. Bastou deitar-me na maca e receber uma anestesia localizada em dois pontos na testa para que o problema fosse resolvido de forma rápida e indolor.

2 Enquanto a enfermeira terminava de aplicar os esparadrapos, meus olhos buscavam as mãos do dermatologista, que depositava os materiais retirados em um pequeno envelope plástico.

3 — Tem que ir pra análise? — perguntei, curioso pelo resultado.

4 — É uma exigência padrão do plano de saúde pra confirmar o procedimento. — Entregou as amostras para a enfermeira, que terminaria de preencher o formulário de encaminhamento, e conferiu meus curativos. — Nem se preocupa. Todo material vai. Pode levantar.

5 Ergui o tronco, ainda sentado, e tateei os adesivos que protegiam os ferimentos. Sabia que as pintas não estariam lá, mas quis prever o tamanho da cicatriz.

6 — Como faço pra saber o que deu?

7 — Quando o laudo ficar pronto, mando pro dr. Lucas. Só telefonar pra agendar o retorno, e ele te fala se tiver alguma alteração.

8 Retirou as luvas descartáveis e as jogou na lixeira, da mesma forma como eu gostaria de livrar-me da minha real apreensão.

8.

¹ Escolhido com precisão, o sofá do consultório da dra. Laila Frender oferecia o aconchego necessário aos seus pacientes. As almofadas macias deviam ser outra tática engenhosa para facilitar a aceitação de diagnósticos desfavoráveis.

² — Você não acha que o seu médico tem certa razão sobre a causa desse desconforto? — Não me poupou da sinceridade já no primeiro comentário.

³ — Eu não tô com depressão. — Fui categórico em minha autoanálise. — Esse negócio da minha idade nem tinha me ocorrido até você mencionar o assunto. Mas parece que é uma grande coisa pra todo mundo, isso de eu não ter encenado a Ressurreição.

⁴ — E não é pra você também, Fausto?

⁵ — Pra mim é só uma peça — respondi quase murmurando, desejando crer na própria mentira.

⁶ Por mais que gostasse do encosto confortável, estava ali em busca de outro tipo de amparo, que caberia a Laila oferecer.

⁷ — Fausto... a morte pode ser interpretada de diversas maneiras. Quando falamos dela, não precisa ser necessariamente sobre o fim de uma vida. Pode ser uma morte simbólica também. — Suas teorias me fascinavam. Poderia ouvi-la discorrer durante horas a respeito dos meus problemas com a mesma desenvoltura com que um maestro virtuoso rege sua orquestra. — O sonho que você teve é um bom exemplo. Pra ajudar a

entender um pouco do que está passando na sua cabeça, a gente pode tentar dar um significado pros símbolos que estavam nele.

8 — Eu, vestido de Jesus, falando com o Diabo na frente do Inferno? — ironizei o meu clichê satanista.

9 — Das várias alegorias no seu sonho, essa é a mais simples de encontrar o sentido. O conflito do seu nome com o personagem que você interpreta está na superfície. E as suas influências culturais, do cinema e do teatro, construíram uma forma para o Diabo que você não rejeitasse. O que acho mais pertinente pra conversar é o assunto que te traz desconforto sempre que é levantado.

10 Mais uma vez, recebi seu olhar penetrante com a certeza de saber exatamente o que ela estava insinuando.

11 — Essa coisa dos meus trinta e três anos... — confirmei sem esconder meu descaso com o assunto.

12 — Estando com a mesma idade de Cristo quando foi morto, talvez você esteja pensando que ele também irá te abandonar de alguma forma e, pra aceitar essa perda, se apega justamente ao que seria o oposto do que ele simboliza. Por isso a parábola de uma Trindade Profana e sua representação dentro dela.

13 — Não sou do tipo que vai pra igreja todo domingo, mas tenho minha fé. Jamais me passou pela cabeça blasfemar religião.

14 Incorporar o Falso Profeta do final dos tempos nunca estivera entre meus objetivos de vida. Não via como uma perda figurada poderia transformar-se em algo tão profano.

15 — Não acho que seu sonho tenha a ver com heresia, Fausto. A construção dessas imagens veio pelas referências do seu trabalho, que é uma parte muito presente na sua vida. Mas se você analisar a mitologia cristã do Anticristo com um olhar mais próximo da realidade, ele seria, na verdade, uma maneira de representar a negação de costumes. De trazer desordem, subversão... Muito parecido com as questões que você está enfrentando mentalmente.

16 — Não sei... — Rememorei os diálogos do pesadelo. — Parecia bem claro o caráter bíblico no sonho.

17 — Isso porque é comum conceber uma situação que vá de acordo com a própria realidade. Quanto você conhece da Bíblia?

18 Era uma pergunta retórica, como a maioria delas. Sua intenção sempre era a de fazer-me concordar com as suas insinuações sem que precisasse mastigá-las para mim. Encontrar o sentido de suas análises como se estivéssemos conversando era mais uma das suas técnicas de persuasão que eu já havia identificado.

19 — É a base de todo roteiro que recebo — confessei. — Já tive que ler algumas passagens sei lá quantas vezes, mas não tenho ela de cor. E o Diabo citou alguns versículos que eu nem lembro de conhecer.

20 — Provavelmente, você leu alguns trechos que fizeram muito sentido em determinado momento, mas que acabaram sendo deixados de lado por não terem uso no seu dia a dia. Mesmo que você os tenha esquecido, não significa que eles não ficaram guardados.

21 Por mais que desejasse contrapor algumas das suas explicações, faltavam-me argumentos para entrar em um embate. De qualquer forma, eu já embarcaria derrotado, pois ela se munia do seu aprendizado comportamental e filosófico, enquanto eu possuía apenas a vontade de estar certo.

22 Não podia negar que o raciocínio estava bem respaldado pela lógica da memória episódica, segundo a qual nossas experiências adormecidas estão apenas aguardando um gatilho para serem disparadas para a consciência.

23 Ofereci minha aceitação silenciosa e deixei que continuasse.

24 — E tem outra coisa, Fausto. Você disse que isso se passou em um teatro. Você o reconheceu?

25 — Tava muito escuro, então só conseguia enxergar o cenário. — Encarei o teto como se estivesse de volta ao sonho, buscando resgatar algum arquivo visual. — Mas dava pra sentir

que era um lugar bem amplo, porque o palco era enorme. Acho que nunca pisei num daquele tamanho.

26 — E você se lembra da reclamação que fazia nas primeiras vezes que a gente conversou? Da frustração que você tinha?

27 Não era necessário me esforçar para responder. O referido desgosto permanecia pulsante, mesmo após longos anos.

28 — Você acha que é o Municipal? — Refleti, temendo que estivesse certa mais uma vez.

29 — Essa ideia de estar sendo abandonado pelo seu personagem pode ter resgatado o arrependimento de nunca ter se apresentado lá. Era algo que você queria muito, mas nunca foi convidado, e que agora pode parecer ainda mais distante. Você se viu crucificado no centro do palco, o que claramente aponta para o desejo de um dia ainda poder encenar a *Paixão de Cristo* nesse local.

30 — Se apresentar na arena do Municipal é o que qualquer ator quer. — Escancarei a utopia de toda a classe artística para justificar a minha própria.

31 — Mas, no seu caso, estamos indo além de ambição profissional. A discussão aqui são os sentimentos surgidos da morte simbólica do seu personagem e de como você está enfrentando esse luto. Por mais que seja claro para alguém analisando de fora, é normal rejeitarmos algo que não queremos aceitar como verdade. Você acordou do seu sonho antes da Ressurreição, por exemplo, o que indica que o acontecido lá em Nova Jerusalém foi uma grande coisa pra você também.

32 Seu modo de encerrar a sessão foi quase um tiro de misericórdia. Meu ânimo para discordar foi sepultado pela minha própria constatação:

33 — Acho que devo tá mesmo incomodado por não ter representado o ato seguinte ao da Crucificação.

34 — É tudo uma projeção do que acontece na sua vida, Fausto. Eu só estou aqui pra te ajudar a lidar com essas questões da

melhor maneira possível. — A epifania certamente corrompera meu semblante, pois a doutora não poupou lábia para atenuar meu nervosismo. — Lembrou de mais alguma coisa do seu sonho que não mencionou?

35   Mentir na terapia é o mesmo que negar à mente sua cura. Eu revelara os detalhes de estar crucificado no meio do palco conversando com o Diabo, mas não tinha coragem de mencionar a imagem profana de Jesus com chifres de cordeiro na cabeça. Ver meu próprio cadáver pendurado em uma cruz, com as mesmas chagas ensanguentadas que mataram o Filho de Maria, não me impressionara tanto quanto aquela visão blasfema.

36   Provavelmente não tinha todos os recursos mentais para compreendê-la sozinho, mas julguei que fosse um reflexo do meu incômodo com as pintas que apareceram na testa e, já tendo resolvido esse problema, optei por me preservar de mais uma análise que talvez não gostasse de escutar.

37   — Fausto...?

38   Decerto pairara tempo demais no devaneio, pois, quando voltei à realidade, deparei-me com o afamado olhar psicanalítico de Laila investigando minha linguagem corporal.

39   — Não... Acho que já posso ser chamado de louco com tudo que tem aí.

40   Arqueei os lábios para reforçar a minha piada e despistá-la dos trejeitos que denunciavam minha farsa.

41   Como se não bastasse o desânimo por ter de aceitar minha heresia velada, a lembrança de meu maior fracasso açoitava meu orgulho e flagelava minha autoestima. Sem a honra de dar vida ao meu único personagem no palco do Municipal, eu não me sentia completo como ator.

42   Havia muito que digerir até meu próximo encontro com as verdades de Laila.

9.

1 Entre temporadas, quando não havia a restrição de horário imposta por um cronograma de ensaio, eu gostava de passar as madrugadas zapeando à procura de algum programa que me interessasse.

2 Geralmente parava nos documentários que tentavam desmistificar a vida de Jesus por meio de alegações que versavam sobre seu casamento com Maria Madalena ou sobre suas hipotéticas aventuras durante os dezoito anos afastado dos livros canônicos.

3 Enxergá-lo como uma pessoa — escravo dos desejos da carne e falho em sua santidade — ajudava-me a encontrar parte de mim no personagem e, assim, representá-lo com maior veracidade.

4 Quando a programação não me atraía, cogitava espairecer as ideias com uma caminhada noturna. O frio ameno do outono às vezes me seduzia a querer perambular pelo sereno, mas o receio da interação com outros indivíduos sempre me dissuadia de tentar. Começara a ter aulas de teatro na adolescência para remediar esse meu comportamento reservado. Ainda que não tivesse feito com que me sentisse mais aceito nas rodas de amizade, ajudaram-me a fingir simpatia pelas conversas alheias e revelaram-me minha real vocação.

5 Uma das vantagens de interpretar o Messias era que eu podia usar meu contrato como desculpa para recusar os poucos convites que recebia para sair. Com o objetivo de não macular

o bom nome do Filho de Deus, uma cláusula me proibia de varar as noites como um boêmio devasso. A imagem de Cristo relacionada a qualquer conduta pecaminosa estampada em revistas de fofoca não cairia bem com o meu público, que nutria um deslumbre quase doentio pela vida de famosos.

6   Estava prestes a desligar a TV quando, finalmente, algo despertou meu interesse. Tratava-se de uma exuberante imagem do cosmos preenchendo a tela. O rosa de uma imensa nebulosa imersa na escuridão do espaço sideral repleto de estrelas cintilantes me fascinou.

7   Era uma produção internacional bem-acabada, com efeitos visuais dignos de cinema e trilha sonora envolvente, que nos transportava ao infinito. Cada nova representação visual do Universo era mais bela que a anterior. Não me lembro de tê-lo visto retratado de forma tão grandiosa antes.

8   Os acordes ganharam um timbre mais grave e sombrio. A nave da imaginação voava milhares de quilômetros rumo ao seio da galáxia e o narrador apresentava-nos um dos seus maiores mistérios:

9   "Esse gigantesco buraco negro, cujo tamanho estimado é de quatro milhões de massas solares, fica no coração da Via Láctea e recebe o nome de 'Sagittarius A*'. Em meados dos anos 1980, descobriram que essa enorme fonte de energia se torna ativa de tempos em tempos e que, durante esse período, libera uma energia devastadora, equivalente à explosão de mais de cem mil supernovas."

10   Fiquei admirado com a reprodução gráfica de um enorme feixe de luz sendo disparado do maciço corpo celeste.

11   "Essas irrupções de raios cósmicos são consideradas os fenômenos mais agressivos do Universo. Sem interferência, a radiação derivada de uma explosão do núcleo galáctico pode atingir a atmosfera do nosso planeta e causar extinção em massa."

12   Parecia que, depois da meia-noite, os canais gostavam de exibir programas mais obscuros. Com razão, dado que não

seria apropriado exibir conteúdo apocalíptico durante o jantar, por mais fantasioso que pudesse ser. Além de poupar as crianças de traumas, devia haver alguma pesquisa de mercado que justificasse a popularidade do assunto entre o público notívago. A meu ver, a ideia de destruição por uma força maior e incontrolável era uma boa solução para a insônia.

13   Para emprestar credibilidade, um rosto conhecido entre os entusiastas da cosmologia emitia sua opinião. O astrofísico era uma unanimidade em praticamente tudo que se referia ao Universo, e o caráter vibrante de suas palestras e suas constantes aparições nos mais distintos meios de comunicação alçaram-no ao patamar de celebridade.

14   Sua fama era devida, pois conseguia tratar dos pontos mais complexos da astronomia galáctica com a clareza de um talentoso dramaturgo.

15   "Quando você se deita na cama de noite, parece que o mundo todo se desliga com a luz que você apaga." Fui hipnotizado por sua entonação serena de um carismático professor. "Mas a verdade é que, lá fora, no Universo, as coisas continuam turbulentas. Uma prova disso é a enorme quantidade de energia que foi expelida do nosso buraco negro central há muitos mil anos e que só agora pôde ser detectada pelas sondas espaciais que orbitam o nosso sistema solar. Essa explosão de raios gama lançou, em poucos segundos, mais radiação do que o nosso Sol já produziu durante toda sua existência. Como a gravidade de um buraco negro supermassivo puxa tudo para dentro de si, inclusive a luz, só foi possível enxergar essa energia quando já estava muito próxima da Terra. Esse evento foi tão significativo que suspeitamos ter sido um dos mais violentos já ocorridos em toda a Via Láctea."

16   Por mais catastrófico que parecesse o episódio sideral, o especialista não conseguia esconder seu ânimo ao discorrer sobre as ocorrências no campo do infinito.

17   Novas imagens deslumbrantes inundaram a tela, e a música instrumental voltou a subir com imponência, mas o som estridente da campainha arruinou a harmonia da melodia que preenchia meus ouvidos.

18   Olhei para o relógio e notei o horário inapropriado. Com certeza seria um engano ou zombaria de garotos desocupados. Preferi ignorar para não perder a narração.

19   "Hoje ou num futuro incerto, nosso planeta pode ser alvo de um devastador raio espacial que não se revelará até que nos atinja. Também não sabemos quais serão os efeitos de uma nova explosão. Será que estaríamos preparados para lidar com esse tipo de evento? Haveria alguma maneira para nos prevenirmos?"

20   Para o meu azar, a campainha soou novamente. Não queria ficar sem saber a resposta, mas a insistência obrigou-me a atendê-la.

21   Acelerei meus passos e mantive os ouvidos atentos à TV, torcendo pela chegada do intervalo comercial, mas o astrofísico havia aparecido mais uma vez no palanque.

22   "Um acontecimento desses no nosso sistema solar pode permitir que ouçamos algum tipo de barulho vindo do espaço, como um prenúncio do que estaria por vir. Isso porque o aumento brusco da atividade do Sol faria com que seus ventos rompessem a proteção da heliosfera terrestre e empurrassem as partículas de radiação presas no campo magnético através de rasgos, causando um tipo de zumbido."

23   Eu já não entendia quase nada que saía das caixas de som. Escutava murmúrios incompreensíveis, que se confundiam com o virar da minha chave na fechadura e o ranger dos gonzos enferrujados da porta. Só que isso não impediu o entrevistado de continuar com suas teorias, como se ditas em surdina.

24   "Se os raios gama provenientes dessa detonação no centro da Via Láctea estiverem direcionados pra cá, o que ouviremos

provavelmente se parecerá com uma enorme explosão, pois a velocidade desses raios forçará toda matéria flutuante na magnetosfera para dentro da membrana que protege nosso planeta. Infelizmente, é possível que isso também seja a última coisa que escutaremos."

25 Do lado de fora do apartamento, encarei o vazio. Não havia ninguém no corredor, e os sensores de movimento não acionaram as luzes.

26 Todo pensamento racional baseia-se na lógica apreendida por nossos sentidos; assim, adotei a máxima da filosofia reducionista e aceitei a explicação mais simples: a campainha devia estar com defeito. Qualquer outra suposição parecia distante da realidade.

27 Tranquei rapidamente a porta e voltei para a frente da televisão na expectativa de continuar assistindo ao programa. Peguei o narrador já acompanhado dos créditos finais.

28 "Seria esse o som do Apocalipse descrito pelo apóstolo João? Será que um evento intergaláctico dessa magnitude, capaz de destruir planetas a milhares de quilômetros de distância, pode ter decretado o fim da vida como a conhecemos muito antes de sua criação?"

29 Desliguei. Não me servia de nada a retórica sensacionalista do desfecho sem ter ouvido o conteúdo necessário para tirar minhas próprias conclusões. O melhor a fazer era render-me ao travesseiro.

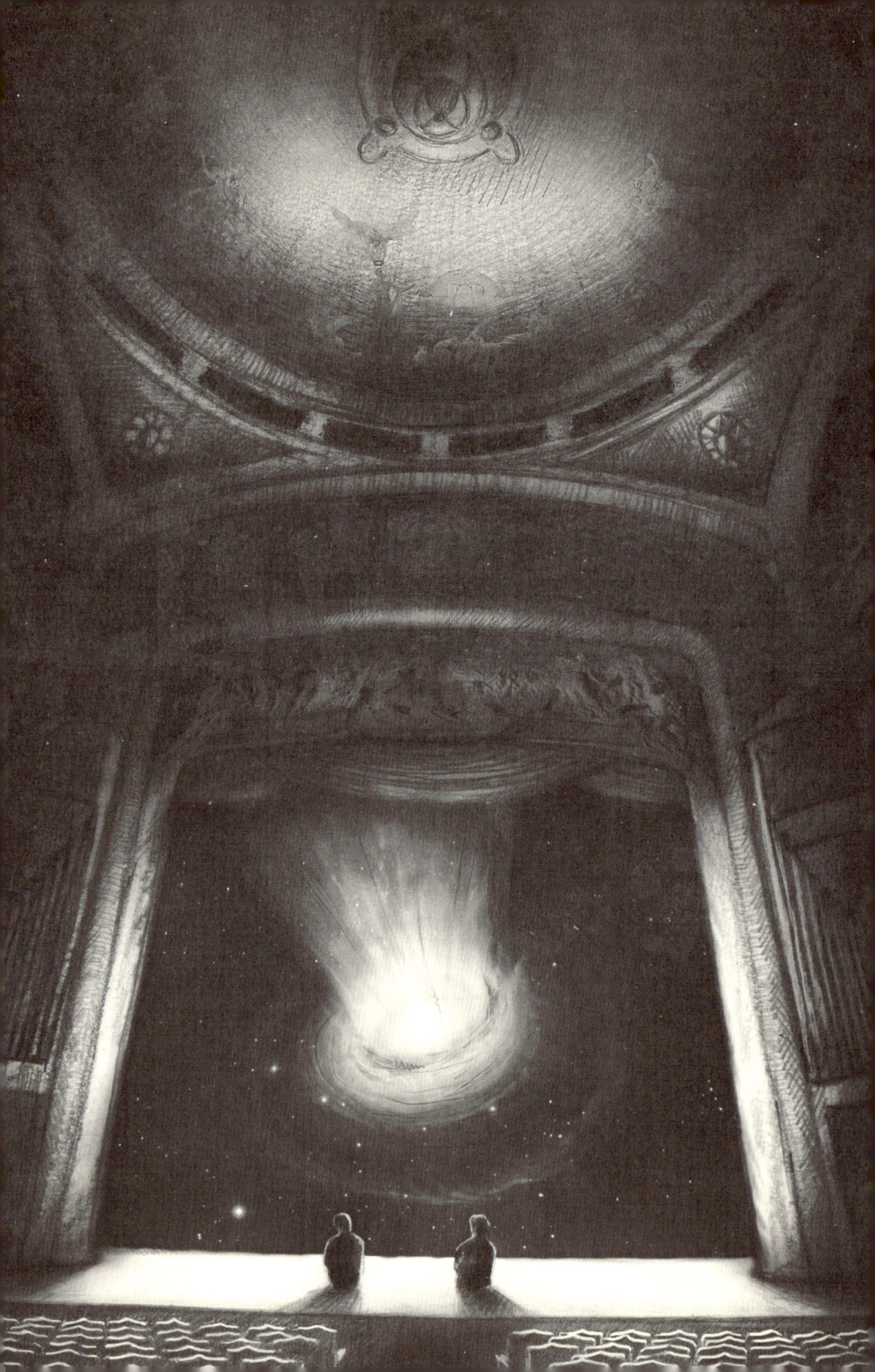

O fim está dito

O assolador buraco negro supermassivo que se esconde no coração da galáxia jamais rejeita sua fome; os braços vigorosos de seu repuxo gravitacional agarram e devoram tudo que navega sua fronteira com a avidez de um gigante insaciável – de planetas milhões de vezes maiores que o Sol à simples poeira cósmica que ocupa as lacunas do espaço interestelar.

Farto de seus excessos ao longo dos incontáveis milênios, uma explosão mais devastadora que a anterior riscou a vastidão do campo sideral com um novo raio luminoso. Propulsada pela força desse evento, a assombrosa massa do buraco negro começou a girar, comandando uma nova dança das estrelas em sua órbita e tragando toda matéria incapaz de resistir ao seu impiedoso campo de atração.

Essa era a imagem projetada na enorme tela de cinema montada no palco do mesmo teatro onde Fausto havia se encontrado com Mefisto.

Sentados no centro do tablado, assistiam ao espetáculo como se estivessem em um majestoso planetário.

— Queres saber a distância da extinção, Fausto? — Seus olhos permaneceram fixos na tela e não se dignaram a reconhecer o medo do ator, que o encarava. — Vinte e sete mil anos-luz.

O sorriso diabólico que surgiu no rosto exageradamente maquiado denunciava sua empatia com a destruição: estava maravilhado pela força avassaladora do corpo celeste.

Para Fausto, afogado em pensamentos dolorosos sobre a própria morte, o fim do mundo não pareceu tão ruim. Ainda que ano-luz fosse uma medida de distância e que aquela radiação viajasse mais depressa do que os quase trezentos milhões de metros por segundo no vácuo, não parecia ser uma ameaça muito iminente.

— Então temos bastante tempo — concluiu, voltando a contemplar a imagem reproduzida do cosmos.

— O que beira o infinito para ti nada mais é que uma faísca na existência da Criação — filosofou a Serpente. — Não te assusta a revelação de que o fim está dito?

— Não consigo nem calcular em que ano isso vai cair. Até lá, alguém já deve ter arranjando um jeito de a humanidade sobreviver.

— Pensas dessa forma mundana porque medes o tempo pela tua capacidade de ordenar eventos percebidos por meio dos sentidos. Quando estiveres ao meu lado, contudo, verás que ele é absoluto.

Se tivesse um cigarro nos dedos, Fausto tragaria e seguraria a fumaça nos pulmões enquanto refletia. Não fosse a visão de que a luz dos dias termina com a aparição da lua ou de que a pele se arrepia com a chegada do inverno, a compreensão acerca da passagem das horas e dos anos se perderia.

Caso o relógio etéreo das divindades não respeitasse a escala dos fenômenos naturais, estaria comprovada a teoria de Einstein de que a distinção entre passado, presente e futuro seja apenas uma ilusão teimosamente persistente. Talvez a notória genialidade do físico alemão não fosse fruto de sua inteligência, mas sim de conhecimentos ocultos presenteados por Satã em pesadelos.

Apesar de intrigante tal conceito, o mundo em vias de ser extinto pertencia à realidade dos homens, portanto o cronograma do Apocalipse teria de ser calculado com base no calendário gregoriano.

— Se algo tá a milhares de anos-luz daqui, mesmo que não respeite o espaço-tempo que entendo, o que sei é que vai demorar muito pra chegar. — O ator se debruçou na coerência cartesiana. — E já que não vou estar mais por aqui, prefiro manter minha alma onde acho que deva ficar — disse, rejeitando com ironia o convite para fazer parte da Trindade Profana, mas estava longe de conseguir ofuscar a sabedoria secular daquele que anda pelas trevas.

— Presumes estar a salvo da grande devastação por causa dessa percepção ilusória de que o que *foi* e o que *há de ser* não fazem parte do que *é*. Mas posso arruinar toda essa tua certeza e provar como é frágil essa tua impressão sobre o tempo.

Curioso, Fausto olhou para o Diabo sem saber como conseguiria quebrar a lógica da passagem dos anos.

— O que te mostro é o passado, Fausto. — Apontou-lhe a tela com um meneio de cabeça. — Já não escutaste o brado raivoso do Universo em teus ouvidos?

O rapaz empalideceu. A noção de que o fim estivesse a milênios de distância era correta, mas ele havia sido decretado muito antes de um homem ter caminhado pela Terra.

Versado na arte da retórica ardilosa, o Rei do Inferno não precisou de mais do que um discurso meticulosamente ordenado para operar sua índole demoníaca. Fiel à cruzada de aniquilação de todos os dogmas do Todo-Poderoso, sentia prazer em trazer aos homens a ruína de suas virtudes teologais. Nesse caso, a *Esperança*, que concedera a Fausto só para que pudesse observá-la morrer nos olhos dele após um mero vislumbre.

— Vejo a vida que reconheces como um vestígio de luz no espaço, semelhante às imagens projetadas nessa tela — completou o agouro.

Como um feixe luminoso empurrando figuras pelo ar, assim também era a existência: um momento que vagava errante pelo infinito, aguardando apenas um limite para encerrar seu trajeto.

Desiludido pela profecia do Oráculo Maldito, Fausto não conseguia desviar o olhar lamurioso da ameaça sideral. Contemplava com pavor o rastro de extermínio que o buraco negro deixava ao tragar estrelas com sua rotação incomum.

Perdido em delírios catastróficos quanto ao que aconteceria ao planeta quando estivesse na mira do raio devastador, percebeu que a imagem da fúria da galáxia cedera lugar a calamidades terrenas: crianças com os ossos das costelas desenhados na pele choravam de fome; o sangue de inocentes vertia pelas mãos da violência em assassinatos impiedosos nas mais ordinárias vielas; movidos pela intolerância de uma guerra santa, terroristas destruíam arranha-céus, forçando os mais desesperados a pular para a morte; batalhas entre nações chacinavam milhões de pessoas em nome de governos autoritários sob a falsa bandeira da liberdade; corpos macilentos de homens e mulheres formavam montanhas de cadáveres em nome de uma suposta supremacia ariana.

Era o triste espelho de um mundo em declínio, e, para o público desse documentário histórico sobre a perversidade humana, o fim de tudo pareceria uma bênção. Se os cavaleiros do Apocalipse galopavam pela Terra perpetrando sua malevolência, era para libertá-la de uma espécie que se alimentava de podridão.

— Os selos já foram abertos — Mefisto sussurrou. — E quando todos forem testemunha do que ouves, não terás mais como te afastar do teu papel, por mais que o renegues.

Projetada na tela enorme, a provocação do Enganador tomou a forma da figura de Fausto, novamente na cruz e travestido de Jesus com chifres de cordeiro.

O ator encarou seu cadáver pendurado, com a pele molhada pelo sangue escorrido das chagas da crucificação, e não suportou o tormento.

— Não sou esse Falso Profeta que você tá querendo que eu seja! — Levantou-se e deu as costas para a imagem, distanciando-se alguns passos. — Não vou participar de qualquer tipo de ação que vá contra a palavra do verdadeiro personagem que interpreto — vociferou, na esperança de que sua lealdade chegasse aos ouvidos de Deus para que Ele o libertasse daquele pesadelo.

Preso no Abismo, o rogo de sua alma não foi escutado, pois, entre as muralhas do Inferno, só um reinava soberano. Seu protesto foi seguido de um inesperado silêncio. Aguardava novas artimanhas que buscassem convencê-lo a integrar a Trindade Profana, porém não vieram. Intrigado, virou-se à procura do Diabo e foi surpreendido pelo vazio. Nem mesmo a gigantesca tela que expusera seu cadáver encontrava-se no palco. Estava sozinho.

Deu alguns passos receosos pela penumbra em busca da presença mefistofélica. Cauteloso, temia ultrapassar a barreira do Limbo e despencar no antro das trevas. Guiado por suas mãos, que pareciam acariciar o manto invisível da escuridão, Fausto sentiu uma estranha pelagem roçar-lhe as pernas. Ao abaixar a cabeça, foi surpreendido pela figura de um cordeiro branco agonizando a seus pés.

10.

1 Meu tronco ergueu-se da cama em um sobressalto na tentativa de me afastar daquele filhote de carneiro moribundo. Acordei com o coração quase rasgando o tórax e não me acalmei até ter certeza de que estava no quarto.

2 Tentei recompor-me esfregando o rosto. Esses encontros noturnos com o meu inconsciente profano não me traziam nada além de angústia. Se me atrevesse a repousar a cabeça no travesseiro de novo, talvez voltasse a caminhar no palco do Inferno, o que eu não queria. Nunca me considerara um covarde, mas meu medo de dormir era inegável.

3 A claridade que atravessava a trama fina da cortina indicava que já era de manhã. Essa era a desculpa da qual eu precisava para acordar.

4 Busquei o chão com os pés e encontrei a tapeçaria felpuda ao lado da cama. Quando apoiei um pouco do meu peso, notei que estava mais macia do que me lembrava. Ao olhar para baixo, fui tomado pelo espanto: estava ali, deitado e prestes a morrer, o mesmo cordeiro do meu sonho.

5 Afastei-me de imediato, no susto. Meu peito mais uma vez latejava como se meus ossos pudessem quebrar-se de dentro para fora. Fechei os olhos com força e tornei a abri-los para ter certeza de que havia abandonado o pesadelo. Tateei as cobertas e a cabeceira do leito, comprovando que o aposento onde eu estava era real.

6   Confiante de não estar na morada do Canhoto, enchi de ar os pulmões e, com receio, encarei o chão. No lugar do animal em seu último suspiro, havia apenas o tapete de lã que ficava entre minha cama e a janela.

7   Durante o banho, a água escaldante que corria em minha pele não levava embora a incerteza do que tinha acontecido. Quando narrasse esse episódio à dra. Laila, ela certamente compararia a pelagem de um filhote de carneiro aos fios do manto que cobria meu assoalho e me convenceria de que fora enganado por um golpe de vista. Eu depositava minha fé nessa hipótese. Caso acreditasse no delírio de que as imagens incoerentes fabricadas pela mente no decorrer do sono pudessem tomar forma além do ambiente imaginário, seria mais adequado abandonar de vez a terapia e internar-me em um sanatório.

8   Como em todas as manhãs geladas, precisei passar a toalha no espelho agredido pelo vapor após sair da ducha para conseguir ver meu reflexo. A curiosidade para saber o grau de devastação em minha aparência devido à retirada das pintas deixava-me angustiado. Por estarem muito próximas do cabelo, as cicatrizes ficariam imperceptíveis, mas tinha certeza de que, para a minha vaidade, seriam como fendas colossais que sempre me assombrariam.

9   Querendo pôr um fim à ansiedade, puxei os curativos.

10   — Mas o quê... Não!

11   O desespero deixou-me atônito. As pintas haviam voltado e estavam visivelmente maiores. Passei os dedos sobre elas e senti que eram duras como cascos. Tentei retirá-las com as unhas, mas estavam firmes na minha testa, como pequenos chifres recém-nascidos.

12   Ainda de toalha na cintura, corri ao telefone e, afobado, procurei o número do dr. Lucas nos meus contatos. Já no primeiro toque, esbravejei, quase aos prantos:

13   — Vamos, vamos... Vai logo!

14 — Clínica Alexandria, bom dia.

15 — Oi, Giselle, é o Fausto. — Simulei uma calma inventada para conversar com a secretária sem soar tão agitado. — Fiquei de agendar retorno com o dr. Lucas, mas estou aguardando o resultado de um exame.

16 — Um minutinho que eu já verifico pro senhor. — Aqueles segundos de espera pareceram horas de tortura. Aguentar uma agulha quente enfiada na carne debaixo da unha seria menos penoso que aceitar os cornos que cresciam na minha cabeça. — Ainda não chegou do laboratório, sr. Fausto. — Botei as mãos no rosto, desesperado, sem saber o que fazer ou falar. — Sr. Fausto?

17 — Você me liga assim que receber esse resultado? — Fui mais ríspido, sem querer ser grosseiro, e a ouvi rabiscar um papel.

18 — Está anotado. Quer que eu peça pro doutor te retornar?

19 — Não... Não precisa. Mas se conseguir agilizar isso, te agradeço.

20 — Vou fazer o possível pro senhor. — A presteza de Giselle sempre vinha atrelada a um pedido que eu nunca me sentia confortável em atender: — A bênção?

21 Afastei o telefone para poder xingá-la sem que me ouvisse e logo o retornei à boca com uma placidez encenada na voz:

22 — Deus a abençoe, Giselle.

11.

¹ Uma das vantagens de morar no centro era não precisar percorrer grandes distâncias para encontrar o que procurava. Após uma rápida viagem de metrô e uma caminhada apressada, já estava na rua do Seminário, famosa por suas chapelarias.

² Buscava apenas um disfarce para as pintas, mas pousei diferentes tipos de chapéu sobre a cabeça, considerando qual mais combinava com o meu rosto. Os de maior circunferência encobriam melhor as manchas sem precisar enterrá-los na testa, mas os de aba curta harmonizavam mais com o meu estilo.

³ Não consegui fugir do clichê de artista e escolhi o famoso Panamá Tom Jobim, em cor clara, que era a opção mais discreta e elegante. Se era para não chamar a atenção, melhor abraçar o estereótipo do que sair da loja com um chapéu preto no estilo Fedora.

⁴ Ajeitei a aba para baixo de modo a conferir à peça seu charme inconfundível e vesti o disfarce dos óculos escuros. Já havia driblado os vendedores na entrada e não estava disposto a esbarrar em algum temente a Deus que se sentiria obrigado a confessar seus piores pecados ao me ver.

⁵ No caixa, busquei não olhar para o balconista enquanto retirava as notas da carteira.

⁶ — Quer uma sacola?

⁷ Esticou o braço, e entreguei-lhe o dinheiro.

⁸ — Vou com ele na cabeça mesmo.

9 — Não quer aproveitar e ver algum outro também? De copa estreita, mais esportivo...

10 — Esse aqui tá ótimo.

11 Eu só queria ir embora. Nunca fora adepto de chapéus; gostava de deixar os cabelos longos respirarem e agradava-me senti-los ao vento. Era a primeira vez que usava um e, se estava disposto a me acostumar, era por mera necessidade.

12 Ao pegar o troco, escutei o som daquele mesmo zumbido, que dessa vez parecia mais forte e cada vez mais alto. Alcancei as orelhas por reflexo, na tentativa de suavizar a frequência que atacava meus tímpanos. Foi quando percebi o lustre central da loja começar a balançar.

13 Encarei o rapaz no caixa e notei sua expressão de dúvida, provavelmente a mesma que estava escancarada no meu rosto.

14 O chão começou a sacudir, os objetos soltos desabaram das mesas e o piso foi encoberto pelos chapéus que abandonavam as prateleiras.

15 Foi angustiante tentar me firmar em um solo que se revirava. Não fosse o balcão para me escorar, jamais teria conseguido ficar de pé. Mesmo que o abalo não fosse violento o bastante para comprometer a estrutura do estabelecimento, olhar para cima e ver um teto de cimento sobre a cabeça não ajudava a manter a calma.

16 Aquela raríssima ocorrência já era apavorante por si só, mas o que veio em seguida foi estarrecedor: um brado metálico e trovejante ecoou pelo céu como um rugido raivoso vindo do espaço, e o som de uma majestosa trombeta celestial repercutiu para todos, intensificando a trepidação com sua música dissonante.

17 As paredes começaram a trincar, e por alguns segundos o piso ameaçou abrir-se. Compartilhei o desespero do balco-

nista pela iminência de nossas mortes, mas, felizmente, tudo voltou ao normal.

18 O estrondo sideral ainda reverberava, distante, sumindo entre os alarmes frenéticos dos carros estacionados na via.

19 Aguardei minhas pernas pararem de bambear e corri para fora. A rua já estava repleta de curiosos, que arrostavam o céu em busca de esclarecimentos quanto ao estranho ruído. Juntei-me ao coro dos abismados e não vi nada além das pinceladas das nuvens no anil. Apenas a imensidão de todos os dias pairava sobre as cabeças embaralhadas dos aflitos.

20 Tirei meus óculos escuros e mirei o infinito, mas, mesmo com o mais potente telescópio, não seria capaz de enxergar a causa do barulho.

21 Imerso em incoerentes presunções, fui chicoteado pela súbita recordação de algo dito a mim durante o sono: "Já não escutaste o brado raivoso do Universo em teus ouvidos?", sangrou a chaga da lembrança, retumbando na mente a sinistra indagação feita pelo Diabo no meu último pesadelo.

22 As supostas divagações hereges do meu subconsciente assombravam-me com contornos de um real presságio apocalíptico, e a ideia de que meus encontros noturnos com o Maldito talvez não fossem meros arquétipos ou símbolos propostos pela psicanálise junguiana fez com que eu questionasse minha sanidade.

23 Era de medo o calafrio que sentia nos ossos. Medo não somente de que a profecia do fim dos tempos fosse mais do que simples mitologia cristã, mas também de me ver tentado a trilhar os círculos do Inferno como o Falso Profeta.

24 Fiquei perdido, estatelado na minha expressão mais sincera de horror. Se as conversas travadas no Limbo fossem reais, desejaria nunca mais fechar os olhos.

25 Em meio a reflexões incômodas e sem sentido, não notei a aproximação de uma senhora, com o típico semblante aflito

de um devoto em busca de conforto, até que estivesse bem ao meu lado.

26 — Meu Senhor, agora, pela fé, clamo a proteção da Vossa armadura — disse, pegando-me de surpresa com sua prece, e beijou minha mão. — Tomo a Vossa verdade contra as mentiras. Tomo a Vossa justiça para vencer os maus pensamentos.

27 — Não... Minha senhora, por favor, não...

28 Eu devia ser algum tipo de ópio espiritual para os desesperados. Depois de ser reconhecido por uma beata, era impossível convencê-la de que sua fé não me transformaria no verdadeiro Filho de Deus, que ela tanto venerava, pois sua idolatria egoísta impedia-a de me ver como um ser humano comum, dotado de medos e incertezas.

29 — Tomo o equipamento do Evangelho da paz — continuou, agora de olhos fechados. — Tomo a Vossa fé para barrar o caminho da minha alma às dúvidas.

30 Com receio de que a atitude da mulher pudesse chamar a atenção de algum outro fanático religioso, vesti novamente os óculos escuros e olhei ao redor, esperançoso de que as pessoas continuassem encarando o céu, entretidas em tentar desvendar a origem do estrondo.

31 Até que ela resolveu ajoelhar-se.

32 — Não, não... Não faz isso — supliquei, tentando segurá-la de pé, mas a senhora dobrou as pernas e foi ao chão com a vontade de um penitente implorando por seu lugar no Paraíso, com os dedos entrelaçados e rogando ao céu.

33 — Tomo a Vossa salvação e confio em Vós para proteger o meu corpo e alma. Tomo a Vossa palavra e oro para que o Espírito Santo me capacite a usá-la. Eu me visto com essa armadura, vivendo e orando em completa dependência de ti, bendito Espírito Santo.

34 O restante de sua prece foi silenciosa. Aparentemente imersa na obscura confiança de que um terreno ao lado dos anjos

lhe seria concedido pelo simples mérito da crença, permaneceu enraizada ao solo em adoração.

35 Eu queria fugir dali o mais rápido possível e sem ser percebido, mas notei que os olhares começavam a encontrar uma nova mira. Ao verem a senhora de joelhos no meio da rua, os curiosos apontaram para a estranha cena e passaram a encarar-me em meio ao caos sonoro dos alarmes estridentes.

36 Talvez o chapéu e os óculos grandes evitassem uma identificação imediata, porém sabia que era uma questão de tempo até ser reconhecido.

37 Esbocei uma silenciosa reação de embaraço por ser colocado naquele altar invisível. Imaginei que os demais compartilhassem do meu sentimento de perplexidade, no entanto fiquei impressionado com a reação inesperada: ajoelharam-se todos, arrebatados por alguma histeria coletiva, e oraram fervorosamente, como se estivessem perante o Messias encarnado.

38 "Com grande brado, à voz do arcanjo, ao som da trombeta de Deus" que o Senhor descerá do céu, dizia o capítulo 4 de Tessalonicenses.

39 Não eram poucos os livros dos profetas que prometiam a segunda vinda de Cristo às vésperas do fim do mundo, e, se essa profecia estivesse atrelada à chegada de um evento cataclísmico semelhante ao dilúvio de Noé — como alertado por Mateus —, orações seriam bem-vindas.

40 Só que não para mim. Agora, mais do que nunca, eu queria recusá-las.

12.

1 Caminhava de um lado para o outro sob o olhar atento de Laila e de sua caneta, que riscava o bloco de anotações. Meus dedos massageavam a testa por baixo do chapéu na inútil tentativa de afastar a dor da minha cabeça. Não seria um medicamento que eliminaria minha cefaleia, mas sim uma explicação lógica que me fizesse abandonar a dúvida que me transtornava.

2 — Foi o mesmo som! — revelei, sem esconder o nervosismo. — O mesmo que eu disse pra você que tinha escutado naquele dia na sessão.

3 — É provável que você tenha uma audição mais sensível que a maioria das pessoas, Fausto. Inclusive a minha. Meu vício profissional de procurar sentido em tudo que parece imaginário me fez supor de forma errada que pudesse ter sido algo da sua cabeça.

4 A voz sempre serena da doutora era eficiente em diminuir minha ansiedade, e sua aparente certeza, até mesmo ao assumir seus enganos, passava uma sensação de controle, que era do que eu precisava naquele momento: alguém que tomasse as rédeas para me tirar do lamaçal de angústia em que havia me atolado.

5 Sentei-me em silêncio. Cruzei os dedos encarando o vazio e não percebi que minha perna não parava de sacolejar. Não olhava para a terapeuta porque minha mente estava ocupada

demais perambulando por temores que eu não queria aceitar como reais.

6 — Espero que isso não tenha abalado a maneira como você interpreta nossas conversas — Laila desculpou-se à sua maneira. Vi que buscou em meu semblante algum sinal de desapontamento por seu erro, mas não demonstrei reações. Estava absorto na ideia de que o som que viera do espaço pudesse ter, de fato, alguma relação com meus pesadelos. — Vai me contar a história por trás desse novo visual? — sugeriu, mudando para um assunto que me obrigou a sair do refúgio.

7 — O chapéu? — Apontei para a peça e indiquei, desanimado, o motivo de estar em minha cabeça: — Só queria mudar. Como não posso cortar o cabelo nem a barba...

8 Mentir na terapia era uma arte na qual eu estava me aprimorando, e Laila era a mais rígida das auditoras. Quando eu errava o texto em uma peça, era simples driblar as palavras com um improviso sem que o público notasse, mas, com ela, precisava acreditar no enredo que estava criando.

9 — Ficou bom. Só que ele esconde um pouco seu rosto. É isso que você quer?

10 — Como assim?

11 — Esconder algo no rosto? — De nada serviria refinar minha interpretação trapaceira com trejeitos que parecessem espontâneos, pois não conseguiria competir com a dra. Laila e sua ofensiva baseada em meu histórico de comportamento. Ela armara uma emboscada sutil para descobrir o motivo de me ver pela primeira vez de chapéu, mas eu não estava pronto para revelar os pequenos chifres que começavam a nascer na minha testa. — Tenho certeza que não são tão ruins quanto você pensa, Fausto.

12 — O quê?

13 Fiquei apreensivo. Não havia como ela tê-los visto. Mantivera ocultas as saliências durante toda a consulta e em nenhum momento me descuidara, mesmo após sentir os cabelos suados.

14 Era evidente que Laila se aproveitava da minha tensão para analisar o meu receio em revelar o que eu encobria. Ela gostava de ir até o limite, e me deixou pressupor o que estaria pensando por alguns segundos.

15 — As cicatrizes que ficaram da cirurgia. — Até que enfim respondeu.

16 O sorriso sem graça que se desenhou no meu semblante era a expressão do alívio diante de sua interpretação equivocada. Dessa vez, o histórico pesara a meu favor. Eu era um vaidoso declarado, e nunca tinha revelado na terapia a imagem da minha testa rasgada pelos cornos que apareciam nos meus sonhos.

17 Pelo olhar triunfante, concluí que a doutora encarava minha manifestação como embaraço por ter sido, supostamente, desmascarado. Para garantir que ela não fosse mais a fundo no assunto, resolvi desviar o foco da conversa.

18 — Ficam noticiando que foi a primeira vez que teve esse barulho no céu, mas não foi. Essa foi a segunda.

19 — E por que isso é importante pra você? Saber que foi a segunda...

20 Correndo o sério risco de motivar um diagnóstico desfavorável acerca da minha saúde mental, desloquei o tronco para a frente e diminuí o tom da voz como se confidenciasse um segredo:

21 — E se esse ruído for algum tipo de radiação vinda do centro da galáxia que tá chegando cada vez mais perto?

22 Mesmo que sua postura profissional a impedisse de gritar na minha cara que eu estava maluco, seu silêncio dizia

muito. Não me lembro de ter recebido antes aquele olhar de condolência.

23 — Ninguém pode afirmar que não... Mas os astrônomos já não teriam nos alertado se fosse o caso?

24 — Não sei. Essa coisa de espaço-tempo é relativa. A gente não sabe se os eventos no campo sideral respeitam as leis da física que a gente aprende aqui na Terra.

25 No meu pesadelo, as teorias do Diabo arrepiavam-me com sua lógica inapelável, mas, no mundo real, mais pareciam as falas de um demente implorando para ser levado a sério. Se nem mesmo o arauto da notícia conseguia confiar na verdade que trazia, jamais poderia culpar uma terapeuta por discordar de uma ideia incoerente que flertava com o absurdo.

26 — Você tem sonhado com isso também?

27 Ajeitou-se melhor na cadeira, com seu bloco de anotações pronto para ser preenchido com os meus delírios.

28 — Devo tá assistindo muita TV antes de deitar. — Joguei as costas para trás no sofá, culpando a influência daquele maldito documentário sobre o cosmos. Quem me dera o aconchego de um estofado fosse capaz de confortar uma mente em flagelo. Sem saber mais no que pensar, levei minhas mãos ao rosto e escancarei meu desespero: — E aquele bando de gente se ajoelhando lá na rua no outro dia?!

29 — Quando as pessoas não sabem a quem recorrer, elas se debruçam na própria fé, Fausto. É um instinto de sobrevivência, e você interpreta um símbolo de salvação.

30 Meu entendimento em relação ao comportamento humano não era superficial, mas, comparado ao seu oceano de conhecimento, eu podia dizer que nadava na margem de uma poça. O que parecia incompreensível para mim rapidamente ganhava coerência à luz de sua ótica meticulosa.

31 — Mas não consigo oferecer o que estão querendo! — Neguei de imediato a mínima alusão que me fizesse compactuar com o pedido de Satã.

32 — Às vezes, basta dar a elas um pouco de esperança num momento de desespero, mesmo que seja ilusório. Acreditar na cura de uma doença é importante para a recuperação de um paciente. E isso não é diferente nas questões emocionais. A fé de alguém pode ser usada pra deixá-la mais tranquila.

33 — Não posso! — Fui enfático, beirando a estupidez. — É exatamente isso que ele quer que eu faça!

34 Percebi o deslize após ser esmagado pelo olhar da terapeuta. Dava pra notar que ela buscava em nossas conversas anteriores a quem eu me referia.

35 — "Ele"? — Fez-se de desentendida, mas eu tinha certeza de que só queria ver se eu teria coragem de dizer o seu nome.

36 Não ousaria falar em voz alta que temia caminhar eternamente pelo Inferno ao lado do Demônio caso encarnasse o Falso Profeta. Eram apenas sonhos, e eu dependia dessa crença para salvar minha alma da danação perpétua.

37 Não me atrevi a entregar-lhe o atestado de insanidade. Balancei a cabeça, como se quisesse afastar de mim a loucura de estar levando a sério algo indiscutivelmente irreal, e desabei:

38 — Tô com medo de dormir, Laila. — Segurei as lágrimas, mas fui incapaz de controlar a voz embargada. — Cada dia vou mais tarde pra cama pra não ter que reviver o mesmo pesadelo. Você não tem aí algum remédio que possa me deixar acordado?

39 Diz-se que um bom ator é capaz de trazer o pranto sempre que necessário. Eu oferecia, porém, a melhor atuação da minha vida tentando fazer o oposto.

40 — Seria imprudente se privar completamente do sono, Fausto. Não só pro funcionamento básico do corpo, mas também pra saúde mental. Você precisa de uma boa noite de des-

canso pra não ficar confundindo um tapete no chão com um animal morrendo ao lado da sua cama.

41 — Eu mesmo te falei que foi golpe de vista! — Lembrei-a de que não precisara da sua opinião profissional para desvendar o enigma do cordeiro.

42 — Só que, antes, ele não apareceu no seu sonho? — Quando Laila tinha algo a dizer, devolvia insinuações provocativas no mesmo instante. Sua habilidade notável de ir além nas interpretações validava a excelência de seus diplomas. Mesmo concordando com a minha teoria sobre o que motivara a aparição do filhote de carneiro no quarto, ela enxergava muito mais do que eu, restrito às minhas próprias limitações. — Você não consegue ver isso relacionado, de nenhuma maneira, com a sua peça que foi interrompida? Qual é o grande significado da crucificação que você interpreta, Fausto?

43 — A expiação de todos os pecados através do sacrifício voluntário de Cristo — respondi com a propriedade de um ator que estudou bem o seu personagem.

44 — Excluindo o romantismo cristão, quer dizer que você concorda que existe uma relação entre crucificação e sacrifício. — Apesar da provocação, não havia por que eu discordar; era claramente uma afirmação retórica que não precisava da minha confirmação. — A oferenda de animais era uma prática religiosa muito comum entre os judeus que buscavam perdão. E a morte de Jesus na cruz não teve um propósito diferente.

45 — Você tá comparando Jesus a um animal? — acusei, reforçando pelo tom de voz minha insatisfação por vê-la tratar com desrespeito um assunto consagrado.

46 — E você não se lembra de ter encenado uma passagem bíblica que faz essa mesma menção?

47 Por mais óbvia que fosse a citação, demorei a lembrar e, quando a passagem me veio à cabeça — como a tão aguardada

epifania que todos buscam na terapia —, senti-me envergonhado por não ter feito antes aquela associação.

48 — É uma fala do profeta João antes de batizar Jesus depois dos quarenta dias de provação no deserto.

49 — Pode me falar o que ele diz?

50 Além de reconhecer que a perspectiva dela estava correta, eu precisava colocar em palavras o que estava em sua mente para validar as revelações.

51 — "Eis o Cordeiro de Deus, que tira o pecado do mundo" — recitei, contrariado, o afamado versículo bíblico.

52 — E qual animal era o mais abatido?

53 Laila encarava-me com um sorriso triunfante, típico de quem se orgulhava de ter conseguido um doutorado internacional para analisar o problema dos outros.

54 A questão era que, para entender o que ela insinuava, havia um acervo de elementos culturais e históricos muito mais relevantes do que a comparação entre o Nazareno e um bendito carneirinho de pelo nevado.

55 O que João Batista dissera enquanto batizava os arrependidos às margens do Rio Jordão fora entendido como um insulto pelos descendentes de Abraão, pois anunciar a chegada de um Messias que não coincidia com o das profecias hebraicas bastara para que os judeus considerassem Jesus uma oferenda, especialmente depois que se tornara uma ameaça ao domínio religioso dos hebreus.

56 — Você acha que o cordeiro sou eu? — Adiantei-me na interpretação.

57 — Não é plausível esse simbolismo? Você sabe bem mais do que eu que pra passar veracidade quando se está interpretando um personagem é preciso se entregar de corpo e alma ao papel. E você faz isso. Tanto que influenciou seu subconsciente a enxergar uma representação mais branda do flagelo.

58   Franzi a testa, acenando em negação. Minha capacidade para criar imagens metafóricas a partir de signos nunca fora um de meus atributos mais notáveis. Eu me sentia desconfortável ao acolher um comportamento que não parecia ser meu.

59   — Então vi esse filhote de carneiro morrendo do meu lado porque decidi que era uma imagem menos traumatizante do que me ver pregado morto numa cruz? — zombei, incrédulo de que aquela fosse uma sentença cabível.

60   — É uma ideia que a gente pode trabalhar sobre essa sensação de abandono que se manifestou depois de o seu personagem não ter renascido. A menos que você se lembre de algo que não tenha me contado.

61   Meu cadáver crucificado com a fronte dilacerada por chifres irrompeu no meu pensamento implorando para ser revelado. Eu me via como o Cristo barroco de Velázquez, que, em uma ânsia dramática e demoníaca, pincelara o cavicórneo conflito religioso em minha testa.

62   Prendi minha voz entre os dentes, mas a tentação de ter esse delírio interpretado por uma visão tão lúcida como a de Laila convenceu-me a abrir a boca.

63   Quando comecei a balbuciar, o toque do meu telefone soou como um alerta para suspender o testemunho. Busquei o aparelho no bolso da calça e vi que era Elias, meu agente.

64   Desapontado, botei o celular no mudo e justifiquei minha indelicadeza por tê-lo deixado ligado durante a sessão:

65   — Desculpa. Tô esperando uma ligação do consultório pra marcar meu retorno.

66   A doutora não pareceu incomodada com a intromissão. Talvez nem tivesse percebido que eu estava prestes a confessar o ocultamento de um fato expressivo que me assombrava em meus pesadelos.

67 — A primeira coisa que você tem que admitir pra si, Fausto, é que esse seu estresse emocional começou por você não ter feito o ato final da peça. Se aceitar isso, talvez uma ação mais concreta possa ajudá-lo.

68 — Tipo qual?

69 — Nunca pensou em ir atrás de algum teatro que queira terminar a encenação da *Paixão de Cristo*?

70 Um raio de esperança clareou as trevas do meu desânimo, entretanto, por ser versado nas dificuldades de uma produção, minha expectativa voltou a ser encoberta pelas sombras da impotência.

71 — Nunca que alguém vai montar uma peça só com a Ressurreição — lamentei como se praguejasse, e senti o celular vibrar em meu bolso. O ruído baixo do aparelho tremendo não era tão irritante quanto seu toque, mas não passou despercebido pelos ouvidos de Laila, que aguardou que eu conferisse quem teimava em interromper a sessão. Era Elias novamente; tornei a ignorar. — Desculpa, Laila. Meu agente fica insistindo pra que eu vá nesse programa religioso.

72 — E por que não vai? Não é um trabalho como qualquer outro?

73 — É. Mas não tô muito a fim de ir por esse caminho que ele tá me arrumando. Depois que apelidaram o ruído no céu de "Trombeta do Apocalipse", o Elias só tem me trazido proposta que eu não me sinto à vontade pra aceitar.

74 — Pense assim, Fausto... Você iria ao programa se não tivesse acontecido esse episódio do estrondo?

75 Desnecessário refletir sobre a questão. Como ela mesma dissera, não passava de um trabalho como qualquer outro. Vestir-me de Jesus e enfeitar de placidez o meu olhar era tão natural quanto encher os pulmões de oxigênio, e, não fosse o sensacionalismo midiático que ecoava o fim dos dias e

martelava minhas ideias com o conceito diabólico de que eu estava destinado a anunciar o Anticristo, provavelmente iria sem protestos.

76 — Imagino que sim — confirmei e a vi revestir-se de uma faceta aconselhadora.

77 — Mudar o comportamento por causa de ansiedade não é uma solução recomendável. Isso pode se transformar em um ciclo difícil de ser quebrado depois. Minha sugestão é que você mantenha a rotina pessoal e profissional pra que a gente possa continuar focado em resolver a sua questão sem criar outro problema.

78 Embora não estivesse tão convencido, fiquei atento ao telefone. Um dos méritos que contrabalanceava a carolice exagerada do meu agente era sua persistência. Quando queria algo, sua capacidade de insistir em obter sucesso era proporcional ao número de vezes que um penitente repetia as orações do terço. A competência de Elias em transitar pelos diferentes braços do cristianismo era o motivo do meu êxito no comércio da fé, e eu confiara a ele o gerenciamento da minha aparência messiânica.

79 Quando a chamada prevista chegou, os olhos persuasivos da dra. Laila intimidaram meu receio e encorajaram-me a atendê-la.

13.

1 Sentado diante do espelho iluminado do camarim, eu aguardava o maquiador buscar o pó facial no tom da minha pele e alimentava minha ansiedade com meu celular na orelha à espera de uma boa notícia. No quinto toque:

2 — Clínica Alexandria... — atendeu a voz grave de um locutor, acompanhada de uma melodia cafona que ninguém merecia escutar. — Nosso horário de funcionamento é das...

3 Desliguei, manifestando meu repúdio por ter de falar com uma secretária eletrônica com péssimo gosto musical. Havia dias que sofria pela expectativa de saber o resultado do meu exame, e já estava na hora de Giselle dar algum retorno.

4 Aproveitei o meu reflexo para arrumar os cabelos de maneira que encobrissem as pintas. Eu não fazia o tipo de Jesus com penteado escovado; gostar de largar os fios rebeldes com seu ondulado natural era a desculpa perfeita para não deixar o pequeno relevo dos cornos à mostra na televisão.

5 — Vamos valorizar esse rosto?

6 Chegou ao meu lado o maquiador, desaprovando o arranjo que eu fazia com os dedos.

7 — Não fica bom desse jeito? O cabelo pra frente dá esse ar de padecente.

8 — Isso aqui é televisão, meu amor. Ninguém quer ver gente desarrumada.

9 De nada adiantaria discutir interpretação religiosa com alguém focado apenas na avaliação do próprio trabalho, ainda mais quando nem mesmo eu acreditava no pretexto que estava inventando.

10 Cada um tem sua vaidade, e logo notei que poderia usar a dele a meu favor.

11 — É que tô incomodado com umas manchas na testa, perto do cabelo, e acho que não dá pra esconder.

12 Seus olhos chegaram a brilhar: era um desafio. Meteu a mão no estojo de maquiagem e, segurando um kit de pincéis, encarou-me com o sorriso presunçoso de um profissional sem nenhuma modéstia.

13 — Vai ver só como nessa cadeira aí sou eu que opero milagres.

14 Fingi uma leve descrença apenas para estimulá-lo, mas não para que ficasse ofendido. O uso correto da psicologia reversa era um estímulo muito maior do que um elogio.

15 Prestes a ter a pele retocada, vi o traje que usaria sendo pendurado no cabide pela figurinista. Eu me sujeitava a fazer coisas inacreditáveis para atender os convites que Elias arranjava. Não podia negar todos os pedidos para participar de programas televisivos, mas ele precisava aprender a ser mais seletivo.

14.

¹ Entrei no estúdio parecendo estar a caminho de uma festa à fantasia. Jamais exigiria um figurino semelhante ao das novelas evangélicas de outra emissora mais abonada, só que vestir uma roupa de poliéster dessa qualidade era o mais baixo a que eu já tinha chegado. Se Deus realmente estivesse olhando por nós, gostaria que Ele virasse o rosto para que não pensasse que eu zombava de Seu filho.

² Fui guiado até uma banqueta desconfortável em frente a uma parede toda pintada de um verde-claro bem chamativo. Para piorar, o cheiro de tinta fresca no cenário estava forte, o que pelo menos desviava um pouco a minha atenção do incômodo causado pelo contato com o tecido.

³ Nunca havia assistido àquele programa. O padre-apresentador era um jovem líder religioso, conhecido na mídia, que tinha uma legião de seguidores, livros publicados e até uma carreira como cantor. Analisei os CDs com que me presenteara nos bastidores e reparei que tinha contrato com uma grande gravadora. Se não engrenara no ramo da música, como os outros sacerdotes mais populares e de limitação vocal semelhante, fora devido à audiência não tão expressiva do seu canal.

⁴ O eclesiástico estava de pé no centro do palco e ajeitava o colarinho romano de sua veste litúrgica preta e bem alinhada conforme o maquiador terminava de esconder as olheiras de seu rosto cansado.

5 Ainda em tempo para me dar algumas instruções, aproximou-se com o sorriso simpático de um vigário querido por sua comunidade.

6 — O Elias já te adiantou como vai ser?

7 — Só fazer meu papel de Cristo.

8 — E a gente vai estrear isso daqui! — Apontou, orgulhoso, para o fundo verde. Eu já havia participado de produções maiores que fracassaram na tentativa de fazer efeitos visuais de primeira linha, por isso não consegui manifestar outro sentimento além do ceticismo. Como não quis privá-lo do entusiasmo, deixei-o sonhar, esperançoso de que ao menos o resultado final fosse de bom gosto. — Vou atender ligações pra acalmar os fiéis sobre esse barulho no céu enquanto a outra câmera fica direto em você.

9 Mostrou-me o equipamento, que já buscava o foco no meu rosto.

10 — Ninguém veio passar o lapela.

11 — Não tem fala. Só fazer aquela sua expressão de serenidade divina que todo mundo ama e dar sua bênção sempre que um ouvinte for desligar. O que a gente quer é trazer paz ao rebanho do nosso Senhor nessa hora de aflição.

12 Minha função era decorar o auditório. Qualquer um com uma peruca e barba postiça poderia ficar sentado naquele banco duro, acenando vez ou outra. A razão de terem feito questão de que fosse eu — e pagado o alto valor do meu cachê — escancarava o desespero por alguém que não apenas se parecesse com o Messias, mas também representasse algo do qual eu queria me distanciar.

13 — Cinco minutos! — Ecoou de algum lugar a voz estressada do assistente de direção.

14 Obedientes ao alerta, todos se colocaram em seus respectivos lugares para o início da transmissão. O padre, antes de

ir para sua bancada, retirou um frasco de plástico sem rótulo de um dos bolsos e o destampou.

15   — O programa é ao vivo, mas tem reprise na madrugada se quiser assistir. — Jogou para dentro da boca um dos comprimidos e o engoliu a seco. Meu olhar curioso o obrigou a se explicar: — Passei a última noite orando com um grupo de desesperados por causa dessa Trombeta do Apocalipse. Não fosse esse santo remédio aqui, bem capaz de eu cair de sono no meio de um telefonema.

16   Nas mãos de um homem de Deus, eu enxergava a salvação: precisava daquilo para evitar meus encontros com Mefisto. Se não adormecesse, estaria livre das indesejadas visitas ao Inferno.

17   Mirei o frasco com os mesmos olhos de um fiel perante a cruz e não o perdi de vista.

18   — Onde conseguiu?

19   Estampando um sorriso caridoso, entregou-o a mim como quem manuseava uma hóstia consagrada.

20   — Fica de presente. Sendo quem você é, imagino que também precise de forças pra ficar de pé nesse período de trevas, e esse não é um medicamento que se encontra em qualquer farmácia.

21   Agradeci em silêncio, tornando-me cúmplice do seu segredo. Se as anfetaminas ajudaram os soldados a ficarem acordados na Segunda Grande Guerra, seriam eficientes para garantir a insônia que eu buscava.

22   Tinha em minhas mãos a solução química para o meu problema. Apesar de a dra. Laila ter me negado a droga e insistido nos danos desse atalho, seria por meio de um servo do Senhor que eu conseguiria, ironicamente, despistar o Diabo.

FST 10-15

15.

1 Meus olhos, açoitados pelas luzes da TV no escuro da minha sala, eram torturados pelo arrependimento. Assistindo ao programa, fiquei na dúvida se meu passeio noturno no abismo infernal seria pior do que a vergonha por meu papelão.

2 As intenções do padre-apresentador eram louváveis no âmbito de sua fé, pois apaziguava os espectadores que telefonavam com a voz trêmula por medo da ira divina.

3 "A segunda vinda de nosso Senhor Jesus Cristo para restaurar o Reino dos Céus é bíblica", enunciou, com uma postura visivelmente amistosa e a certeza sagrada que só encontrávamos nos sacerdotes que ouviram de um bispo a oração consecratória. "Mas não nos compete dizer quando isso vai acontecer, pois é uma determinação que pertence somente a Deus. Que autoridade os homens têm sobre o que vem do céu pra afirmar que o Apocalipse começou? Não podemos acreditar nas palavras daqueles que querem apenas semear o medo. Lembro a vocês os versículos de Mateus..."

4 Apareci mais uma vez em minha figuração medíocre. Lá estava eu trajando o que parecia um roupão do avesso, com a mão elevada oferecendo a bênção, sendo transmitido para todo o país.

5 Meu semblante crístico, repleto de amor e serenidade, era enfraquecido pelos efeitos visuais exagerados: um cenário digital azul celeste, repleto de nuvens, fora inserido no fundo

verde na tentativa preguiçosa de reproduzir o Paraíso. Por trás da minha cabeça, o círculo amarelo que representava a auréola sagrada da iconografia religiosa não acompanhava os movimentos do meu pescoço. Na frente do peito, entre as abas do cachecol avermelhado, que desciam dos ombros para dar um pouco de cor ao figurino, havia um coração enrolado em uma coroa de espinhos na base de uma cruz em chamas. Ainda encontraram espaço para que minha mão levantada emanasse um tipo de luz abençoante.

6 Não bastasse aquele constrangimento, a câmera fechava lentamente nos meus olhos à medida que o ministro católico recitava as palavras do apóstolo mencionado, como se a passagem da Santa Escritura fosse uma mensagem destinada a mim.

7 "Surgirão falsos profetas. E enganarão muitos. E, por se multiplicar a iniquidade, o amor de muitos esfriará. Mas aquele que perseverar até o fim, esse será salvo."

8 Pressionei com raiva o botão de desligar e joguei o controle perto do frasco de anfetaminas que repousava ao meu lado. Preferi abraçar a escuridão do apartamento a escutar indiretas vindas de um programa televisivo que não tinha o direito de emitir opinião referente ao problema que me assombrava.

9 A perna agitada era reflexo do nervosismo por ter de me drogar para conseguir passar a noite em claro. Esse seria meu último recurso na luta contra o sono, e iria usá-lo sem ressalvas para escapar do chamado diabólico.

10 Mesmo que minhas conversas oníricas não passassem de devaneios de um subconsciente atormentado pelas incertezas da vida, como teorizado pela dra. Laila, não me agradava imaginar que eu fosse capaz de tamanha heresia. Ainda assim, era melhor aceitar minha faceta profana do que o cenário mais alarmista.

11 A campainha arrancou-me da minha reflexão solitária. Os ponteiros do relógio confirmaram que tocava no mesmo

horário incomum da outra noite, quando interrompera o documentário acerca dos mistérios galácticos.

12   Meu endereço nunca fora divulgado na mídia justamente para afastar carolas inconvenientes ou fãs deslumbradas que não hesitariam em se despir na expectativa de alcançarem fama por terem vencido a castidade de Cristo. Por outro lado, se fosse um mau funcionamento do dispositivo, era intrigante a coincidência de anunciar novamente o vazio após a meia-noite.

13   Caminhei até a entrada camuflando os passos e aguardei com o ouvido atento. Se fosse uma brincadeira de algum adolescente em busca de confirmação para sua idiotice, meu sermão estava pronto e eu iria pegá-lo em flagrante.

14   Com uma das mãos já preparada para girar a chave, esperei a nova provocação. Assim que o som estridente tornou a quebrar o silêncio, destranquei a porta e escancarei-a sem que houvesse tempo para o delinquente esconder-se.

15   Como da outra vez, o breu do corredor deserto encarou-me de volta. A noite calada logo reprimiu o eco da campainha e expôs a verdade de que ninguém estivera ali.

16   Atrevi-me a esticar o pescoço timidamente para fora, receoso, à procura de quem me vigiava em segredo. Confirmei apenas a ausência como cúmplice da minha insônia, mas crescia em mim a sensação desconfortável da existência de um vulto entre as sombras, com olhos cobiçosos, que me espreitava sem que eu pudesse vê-lo ou ouvi-lo — uma criatura grotesca de longos chifres, cauda barbada e pernas de bode, que aproximava do meu ombro suas garras prontas para arrancar minha alma da carne e levá-la consigo para o Inferno. Sentia que chegava pelas minhas costas.

17   Virei-me com rapidez, com o coração martelando o peito, e percebi ter caído em uma peça do próprio engano. Dentro das paredes do meu apartamento estava eu; apenas eu — forcei-me

a acreditar — e as armadilhas de uma imaginação impressionada pela antropofobia noturna.

18 Enclausurado em meu palácio solitário, recolhi o frasco de comprimidos do sofá e sentei-me na beirada do colchão no quarto. Coloquei em um dos lados da balança os malefícios de apelar ao químico para ficar acordado e, no outro, as toneladas do medo.

19 A apreensão pelo misterioso ocorrido ainda abalava meu julgamento. Espiei o pequeno corredor estreito que ligava meu quarto à área social, temendo avistar o fantasma esquivando-se da luz que eu deixara acesa para afugentá-lo. Por mais que soubesse ser o único ali, parecia impossível afastar a presença incômoda daquele intruso imaginário.

20 Acordado, sentia-me encurralado pela ameaça do ilusório; adormecido, teria as veredas tormentosas do Tártaro como destino, e trilhar a fenda do Abismo não era uma jornada que eu estava disposto a repetir.

21 Contrariando os alertas de Laila, cobri com uma venda o bom senso e mergulhei na imprudência. Joguei a droga na garganta, fechei a tampa e empurrei o frasco sem rótulo até o fundo da gaveta da mesa de cabeceira como se pudesse ali esquecê-lo. Não o queria à vista, acobertando sua verdade perniciosa por trás da arriscada promessa de uma saída fácil.

22 Deitei-me com os olhos arregalados, encarei o teto e cruzei os dedos à espera do efeito milagroso: haveria de triunfar perante os temores que vinham com a noite e repousar somente após o sol sangrar a penumbra.

FST 10-15

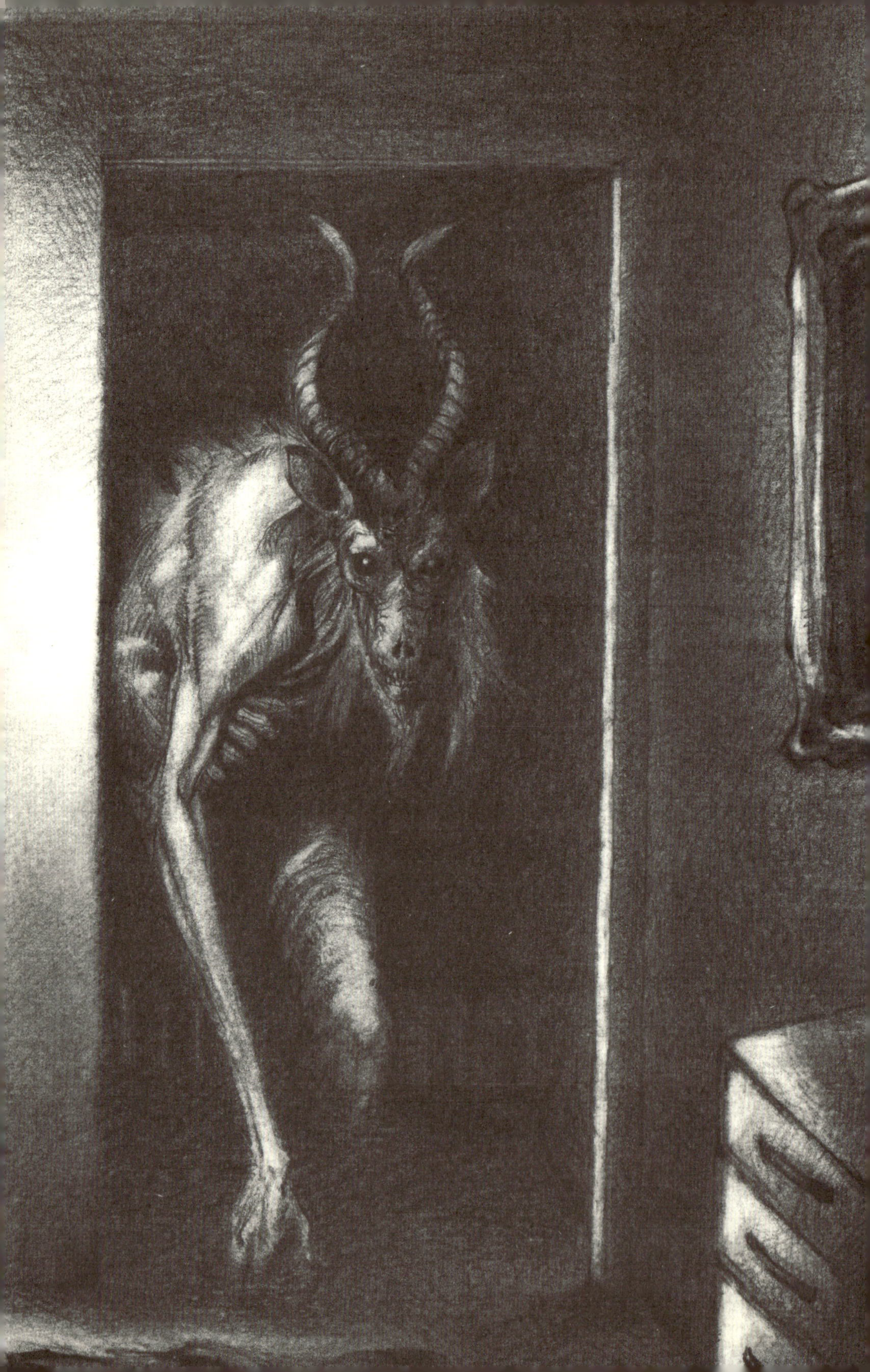

Assim na Terra como no Inferno

Com o lento passo das horas, o corpo de Fausto impunha sua fraqueza, e sua mente encontrava respaldo na covardia. As pálpebras continuavam surdas ao clamor do cansaço, mas o espírito implorava pelo amparo do sono e vagava por pensamentos turvos e desconexos conforme o químico impedia os olhos de serem cortinados.

As vestes molhadas pelo suor eram sequelas da ansiedade latejante. Fosse ela o efeito colateral mais danoso, era tolerável transpirar mesmo na inércia. Para os acometidos pelo pavor de visitar reinos sombrios em seus pesadelos, sofrer nas mãos de uma manipulação farmacêutica era menos nefasto do que ser manipulado por palavras demoníacas.

Na quietude de uma noite taciturna, a fadiga aos poucos se rendia aos encantos de um merecido repouso. Fausto não queria ser tapeado por Morfeu, que o seduzia com a promessa de um sonho surrealista pincelado por Bosch e que, na moldura tríplice do *Jardim das delícias terrenas*, deixava-o sempre na asa que representava o Inferno. Em sua letargia, sentia-se prostrado sobre o fogo, com os joelhos em carne viva e ardendo em brasas enquanto o Diabo sapateava em suas costas como em uma pintura gótica de Memling.

Já se passava das três, e cada segundo era uma nova adaga no coração de sua vigília. Por mais que resistisse bravamente ao canto afônico da sonolência, de nada lhe adiantaria arrancar as orelhas para não escutar o rogo dos olhos querendo se fechar.

As piscadas de Fausto eram morosas. Suas pálpebras deitavam-se alegres e reerguiam-se em luto. Ele fincava o olhar na luz do corredor, esperançoso de que a claridade substituísse o falecimento da anfetamina no sangue, mas a visão embaralhada mal conseguia mantê-la na mira.

Após um breve refúgio no aconchego dos olhos selados, um barulho fez com que os abrisse em alerta: o quarto estava nas trevas, não havia mais feixes luminosos artificiais lutando contra a sombra, e o luar acanhado vindo da janela era a única fonte a clarear o cômodo.

Na escuridão assombrosa, os cascos de algum animal marchavam lentamente em direção ao quarto.

No ímpeto de fugir, Fausto sentiu o corpo petrificado. Não conseguia se levantar ou mexer os braços. Seus músculos rebelavam-se contra a tirania dos movimentos. O pescoço travado guerreava para manter sua autonomia, mas foram as vistas, ainda soberanas, que conseguiram buscar o corredor.

O rapaz, enfim, enxergou o vulto do invasor aproximar-se na penumbra. Reconheceu a silhueta do Diabo em sua figura mais repulsiva: uma quimera demoníaca de anomalia alegórica que faria o mais valente cavaleiro tremer em sua armadura.

As pernas lanosas de bode deixavam o Maldito cada vez mais perto em seu pisar arrastado. O manto negro da noite, que ofuscava a plena identificação do seu contorno satânico, falhava em esconder os alongados cornos retorcidos em sua cabeça bestial. Os rutilantes olhos vermelhos sugavam a coragem de Fausto, indefeso contra aquelas duas brasas flutuantes, que desejavam queimar em sua alma o selo de entrada ao Inferno. O Monarca das Trevas já cruzava a porta, mas o ator, oprimido pela inércia dos nervos motores, não conseguia gritar.

Prestes a contemplar a aparência tétrica que Satã exibe ao espetar os pecadores com seu tridente, foi a imagem humana de Mefisto que Fausto viu quando o luar acariciou a pele do Canhoto.

— Se é de um testemunho que precisas pra aceitar que nossos encontros são reais... — Abriu os braços, alardeando sua presença com ironia. — Cá estou eu.

Era acintoso o sorriso que enrugava seu rosto maquiado, conferindo soberba à provocação. Seus olhos não reluziam mais o escarlate, porém, no semblante estatelado, ainda pairava sua cobiça.

Ciente da paralisia noturna do seu almejado Falso Profeta, o Diabo calmamente chegou ao lado da cama para sussurrar-lhe o horror de sua visão premonitória:

— Mesmo que rejeites o convite para conversarmos na entrada da minha casa, saibas que tu cruzarás aqueles portões, Fausto. Virei a ti sempre que evitares minha presença para lembrá-lo de que sou eu quem te acompanha.

O ator queria estar surdo àquelas palavras de danação, pois se recusaria a ser o personagem de uma das *Pinturas negras*, de Goya, na qual os condenados congregam com o Grande Bode em um ritual de doutrinas ocultistas.

Escapar do agouro de sua condenação era o estímulo que precisava para triunfar perante a rigidez do pescoço. Abraçou a dor que o impedia de virar a cabeça e, com muito esforço, conseguiu fugir dos olhos famintos que o desejavam.

Suas vistas pousaram na janela do quarto. Ao mirar o firmamento, buscando no Reino de Deus a salvação, implorou com o peso das lágrimas para que o libertassem do Inferno, mas os arcanjos permaneceram indiferentes ao seu rogo.

Estava distante do Paraíso. Soube disso ao estranhar a inexplicável peculiaridade que adornava o céu daquela madrugada. Não eram as estrelas ou a lua que pincelavam a aquarela na moldura noturna. No infinito celeste, repousava a majestosa presença do anel molecular de Sagitário, como uma nebulosa dantesca, avidamente devorando o alimento cósmico em seu entorno.

Embasbacado diante de sua indescritível beleza, presenciou a nova explosão monstruosa do devastador buraco negro que riscara a tela sideral com seu raio apocalíptico mais impetuoso.

Ao acompanhar o trajeto da radiação que viajava na vastidão astral, encontrou entre os prédios da cidade o imponente Theatro Municipal exageradamente iluminado, como se o próprio cosmos tivesse apontado para ele o holofote de sua maior estrela.

— Reverencia o palco da nossa comunhão, pois é nele que irás entregar em minhas mãos o teu espírito quando vires que Deus nunca esteve ao teu lado — enunciou Mefisto ao notá-lo cortejando o tablado no qual nunca pisara como artista.

 O desgosto de Fausto por jamais ter conseguido recitar as linhas de um roteiro àquela plateia secretamente reduzia seu prestígio. Não seriam os aplausos de um público seleto, no entanto, que o fariam firmar um pacto com Satanás.

 Preferiu ignorar o falatório, mantendo-se distante das tentações. Foi quando um inesperado bafejo animal incomodou seus ouvidos, acompanhado de um sopro quente na lateral do rosto.

 O retorno de suas vistas curiosas foi menos custoso que afastá-las rumo à janela, porém muito mais perturbador. Rente à face, viu o Cabeça de Bode sobre seu peito, arrostando-o com seus terríveis olhos encarnados.

16.

1   Elevei o tronco na mesma ânsia de uma catapulta e a garganta ardeu com o berro trovejante que expulsei do corpo. O suor escorria da minha pele e represava-se no colchão encharcado.

2   A luz do corredor continuava acesa, e o quarto não me parecia mais esculpido no rochedo do Abismo. O relógio dizia-me que haviam se passado apenas três minutos desde que eu fechara os olhos, no entanto a sensação interminável do meu delírio insistia em acusar os ponteiros de mentirosos.

3   Temendo rever o olhar flamejante do Capeta encarando-me de perto com sua cara de bode, acelerei as mãos em direção à mesa de cabeceira para alcançar a droga que havia deixado isolada na gaveta. Enchi a palma com alguns comprimidos e desci-os goela abaixo sem acovardar-me perante possíveis sequelas de uma dosagem imoderada. Eu só queria ficar de pé, independentemente do preço.

4   Deixei o frasco aberto em cima do móvel e respirei fundo antes de buscar na janela a plena certeza de estar devidamente acordado. Caminhei até ela para conferir o céu. Encontrava-se pouco estrelado, como sempre na capital, e a terça parte da lua estava ferida pela sombra da Terra em um eclipse parcial.

5   O Theatro Municipal — distante das pernas, mas próximo das vistas — jazia imponente no centro histórico da cidade e destacava-se entre as demais construções. Sua fachada deslumbrante, que mesclava traços renascentistas e barrocos do

século XVII, tinha sido restaurada, e a prefeitura ressaltava o tamanho do investimento por meio dos potentes holofotes que abrilhantavam seus muros centenários. Decerto a miragem do local sob a luz de uma estrela no pesadelo fora influenciada por essa paisagem que tinha da vidraça.

6 Não era à toa que lá ficava o tablado de minha maior obsessão. Seu estilo arquitetônico inspirado na Ópera de Paris conferia um charme europeu à cinzenta metrópole de arranha-céus. As esculturas que adornavam o seu exterior, tanto as em bronze quanto os bustos das musas gregas eternizadas em mármore, eram de uma simbologia artística invejável às maiores casas de espetáculo internacionais.

7 Enquanto remoía o luto pessoal por nunca ter conseguido botar meu nome na programação do palco que mais almejava, o tinido agudo do ruído sideral alfinetou minhas orelhas por alguns segundos antes de trovoar ao mundo seu brado intimidador.

8 Os carros dispararam seus alarmes estridentes na rua, e o piso do quarto começou a querer derrubar-me. A onda sonora ganhava peso, machucando-me os ouvidos e fazendo a terra tremer.

9 Aflito, não percebi o frasco de anfetaminas ir ao chão e esparramar seus comprimidos para os quatro cantos do cômodo ao rolar para debaixo da cama.

10 O terremoto ganhava força à medida que o estrondo vibrava mais alto. Já perdurava por mais tempo que o anterior, dilacerando sonhos de uma vida longa com a ideia de que a morte, impiedosa, desceria do céu com sua gadanha ceifadora.

11 Quando o solo encontrou sua calma e a Trombeta do Apocalipse cessou o tom de sua ameaça, a alameda ficou repleta de assustados, que pareciam não se importar em exibir fora de casa seus trajes noturnos. Os rostos alarmados dos que foram tirados do sono à força trombavam-se na madrugada para

trocar impressões sobre o ocorrido ao passo que a sinfonia desarmônica dos alarmes ia sendo silenciada.

12   Não me indisporia a confraternizar com o desespero da vizinhança e a correr o risco de uma nova adoração inapropriada por parte de devotos querendo se confessar. Preferi acompanhar a comoção da segurança da minha janela para não ser confundido com o portador da chave que lhes permitiria cruzar os portões celestiais.

13   Um clarão perturbou minha retina acomodada à penumbra. Com o espírito abalado pela tragédia anunciada pelo cosmos, busquei entre as nuvens a chegada do raio aniquilador. Pávido, ensaiei balbuciar uma prece, mas não havia traços de que a raiva divina manifestaria sua fúria contra os homens naquela madrugada.

14   Passei as vistas pelo aglomerado de estarrecidos e vi um jovem apontando seu celular na minha direção. Não era o único. Todos os curiosos que o viam disparar flashes enquadrando minha janela viravam o rosto para o que ele fotografava e alcançavam os bolsos para também registrar minha imagem.

15   Fechei a cortina e recuei, protegendo-me dos vizinhos com almas de *paparazzi*. Caso invadissem o prédio em busca de bendição, teria de ir atrás de um novo endereço para manter o anonimato da minha vida particular.

16   Aflito com a suposta mensagem premonitória do pesadelo que precedera o urro sideral fragoroso, lembrei-me da hipótese levantada por Laila em nosso último encontro e elevei-a à condição de possível redentora da minha alma.

17   Alcancei o telefone com as mãos ainda trêmulas, e meus dedos frouxos caçaram os números da única pessoa que poderia ajudar-me a não cair de cabeça no penhasco de fogo. Enquanto batalhava para afastar o cenário pessimista que eu mesmo apontara durante a conversa com a terapeuta, aguardei, ansioso, pela voz na qual havia apostado as fichas para renovar minha esperança.

¹⁸ — Fausto?

¹⁹ — Te acordei, Elias?

²⁰ — Como que alguém dorme depois disso? Essa trombeta tirou todo mundo da cama. Por aí tá tudo bem?

²¹ — Tá. Eu tava acordado antes. Acho que tava... Não sei.

²² A sensação do Diabo sobre meu peito, fungando no meu rosto, era tão real que eu não podia afirmar se estivera sonhando ou não, pois ainda sentia na boca o gosto do calor que saía das suas narinas de bode. Se houvesse uma bula para o fármaco ilegal, com certeza encontraria nas letras miúdas o delírio como um dos efeitos colaterais de seu abuso.

²³ — Conseguiu assistir à reprise na madrugada? Adoraram ter você no programa. — Elias veio com amenidades dispensáveis que fiz questão de interromper:

²⁴ — Escuta... Só liguei a essa hora porque tô precisando te pedir um negócio que não tá dando pra esperar.

²⁵ — Deixa eu pegar a caneta... — Ouvi, do outro lado da linha, o som de uma gaveta abrindo-se e de um bloco de papel sendo colocado na mesa. — Pode falar.

²⁶ — Quero que me arranje um palco. Qualquer um. Pode ser até em galpão de cooperativa.

²⁷ — É peça independente? Me manda a proposta.

²⁸ — Não tem. Eu que tô precisando terminar aquela encenação da Semana Santa.

²⁹ O barulho dos rabiscos cessou, e escutei a caneta sendo largada após um breve silêncio.

³⁰ — O pessoal da *Paixão de Cristo* falou com você? Cancelamento por evento climático tá previsto em contrato. E eles não podem ficar negociando assim, direto com o ator.

³¹ — Não é isso, Elias. — Busquei conter seu aparente incômodo. — É pra mim. Eu que quero encenar o ato final da peça.

32   Tinha certeza de que a real motivação causaria estranhamento. Sua idolatria pelo meu personagem, no entanto, inibia-o de negar meus caprichos, por mais estranhos que parecessem.

33   — Você tá pedindo que eu encontre um teatro que esteja disposto a produzir só a Ressurreição?

34   — Você não disse que tá chovendo convite pra eu aparecer depois que começou a ter esse barulho no céu?

35   — Fazer presença como Jesus em canal religioso é uma coisa, Fausto. Produzir uma peça é outra. Ainda mais só um trecho, como você tá querendo.

36   — Vou ter que procurar outra pessoa pra ver isso pra mim?! — Meu pedido de socorro beirava os contornos da chantagem.

37   O desespero quase sempre trazia à tona personalidades detestáveis soterradas pelo peso das normas de convívio. Eu exagerava na soberba por saber que era o nome mais expressivo na lista de atores que ele agenciava e que jamais se perdoaria caso me perdesse.

38   — Não tô falando que não vou correr atrás. Só vale o alerta de que pode não ser tão fácil quanto você tá imaginando.

39   — Alguma coisa eu preciso fazer, Elias. Comecei a ter pesadelos desde que aquele temporal impediu a Ressurreição. Isso tá mexendo com a minha cabeça! Arranja esse espaço pra mim, por favor.

40   Castiguei os fios de cabelo e arranhei o couro com as unhas ao aguardar uma resposta. A tortura do silêncio navalhava a expectativa, sangrando minha esperança. Até que, por fim, ouvi um suspiro com ares de benevolência.

41   — Começo a telefonar logo cedo pra ver o que dá pra fazer. Com tudo que tá acontecendo, é capaz de encontrar alguém querendo financiar essa loucura só pra poder te ver.

42   — Te agradeço se conseguir o quanto antes — reiterei a urgência como forma de despedida.

43 — Aproveitando que você ligou, Fausto... Não quer dar uma passada em casa? Acabei de chamar um pessoal da minha igreja pra fazer uma oração.

44 Fui lembrado dos motivos de evitar conversas muito longas com o meu agente, que me via como um troféu a ser exibido aos seus companheiros religiosos. Enquanto a maioria dos homens resolvia a rivalidade correndo atrás de uma bola entre traves de ferro, Elias só subia no pedestal dos vencedores quando mencionava meu nome ao seu grupo de devotos, mas aquele não era o melhor momento para direcionar a mim sua adoração.

45 — Não me pede isso, Elias. Não agora — insisti com a voz abatida, quase chorando.

46 — O povo tá muito assustado com esse boato de Apocalipse. Iriam ficar mais calmos com você por aqui.

47 — Por que ninguém entende que não sou esse Messias que todos querem que eu seja?! — Explodi em uma cólera endiabrada. — Reza pra isso que tá acontecendo não ser algo bíblico, porque, se alguém inventar de querer me seguir só porque eu pareço com Jesus, vai acabar é todo mundo indo pro Inferno!

48 O lodaçal de uma profecia maldita já havia engolido meus sapatos, e os passos que eu dava para tentar abandoná-lo pareciam prender-me cada vez mais à ideia de que caminharia ao lado de Satã. Precisava afugentar esse agouro de estar destinado às entranhas do Abismo, pois sempre me sentia mais perto da condenação quando relacionavam minha presença à do Nazareno.

49 — Deus me livre ouvir isso da sua boca, Fausto!

50 Conseguia até imaginá-lo fazendo o sinal da cruz, no entanto mantive a arrogância:

51 — Me arranja esse teatro! — esbravejei minha exigência e desliguei sem qualquer manifestação de cortesia.

17.

1 Meus olhos suportaram a ardência de cada segundo em que se mantiveram abertos até o amanhecer. Antes que raiasse o primeiro feixe da alvorada, os ponteiros pareciam já ter dado várias voltas ao redor do infinito.

2 O químico não permitia que o deus grego do sono levasse-me ao seu altar de adoração, mas o corpo exausto queria entregar-se à idolatria em seu palácio, onde o sol nunca alcançava. Eu faria de tudo para poder visitar a caverna de Hipnos, no Oeste distante, e deitar-me em sua bela cama cercada de cortinas pretas.

3 Devaneios de uma mente confusa privada de descanso.

4 Quebrei a rotina matinal e entrei uma hora antes no chuveiro para ver se remediava a fadiga com um banho escaldante. Não sei por quanto tempo fiquei debaixo d'água encarando o ralo, mas o vapor já ocupava todos os espaços do banheiro.

5 Decidi lavar os cabelos e, assim que botei as mãos na cabeça, senti que algo estava errado.

6 — Não! Não, não, não... — implorei em voz alta, como se falar sozinho pudesse salvar-me da tragédia que eu já antecipava.

7 Fechei a torneira em uma única girada e corri ao espelho. Ao expulsar a umidade, não foram somente as olheiras fundas do meu reflexo que me deixaram com o semblante arruinado.

8   O telefone tocou, arrebatando-me do transe. Enrolei uma toalha na cintura e fui pingando até a sala. Atendi, com as expectativas no teto, sem conferir quem me ligava:

9   — Só me fala que conseguiu, Elias — clamei por boas notícias, quase caindo de joelhos.

10   — Desculpa, sr. Fausto, é a Giselle, da clínica Alexandria.

18.

¹ De chapéu enterrado na cabeça e óculos escuros para não ser reconhecido, apanhei a primeira revista que encontrei na recepção do consultório e escolhi o canto mais distante para me sentar.

² Escondi o rosto por trás das banalidades cotidianas e da felicidade artificial das pseudocelebridades estampadas naquela imprensa cor-de-rosa, mas não estava interessado nos decotes das beldades que sorriam na coluna social.

³ Como acontecia com as duas mulheres na minha frente — uma com rugas bem marcadas pela idade e a outra com um recém-nascido no colo —, minha atenção estava direcionada ao noticiário na TV, que apresentava uma imagem feita por um cinegrafista amador atrás do âncora jornalístico.

⁴ "Depois do barulho que tirou todo mundo da cama nesta madrugada, um vídeo que circula nas redes sociais está causando alvoroço entre os mais religiosos. Após várias pessoas terem ido às ruas com medo do novo ruído metálico que foi ouvido no céu, a câmera de um celular captou uma cena curiosa."

⁵ A câmera estava muito agitada, mas podia-se notar o pânico de uma pequena multidão reunida em uma viela durante a noite. Quando a tela foi preenchida pelo registro, meus olhos quase arrebentaram suas órbitas. Era o meu endereço que aparecia na televisão. Mesmo que o videasta desajeitado parecesse

estar tendo convulsões, pude reconhecer as paredes do prédio onde eu morava.

6 Aquele era o exato episódio que eu tinha presenciado a alguns andares do solo, afastado do alvoroço. Do alto da minha torre, confiara na segurança de estar em um ponto mais elevado, sem avaliar os perigos do armamento tecnológico.

7 A fantasia de que meu castelo era intransponível reinara absoluta até ser rasgada pelo chicote da realidade. Lembrei-me do jovem apontando o celular para a minha janela e tive a infeliz confirmação de que a filmagem havia saído daquele aparelho.

8 Para o meu extremo desgosto, um vulto negro surgiu por trás da vidraça do meu quarto. Não era possível reconhecer minhas feições, mas a peculiaridade sombria do bizarro contorno na penumbra estava bem aparente.

9 "Parada na janela de um prédio, observando o tumulto, está a imagem de alguém que parece ter dois chifres na cabeça. Quando a estranha figura percebe que está sendo filmada, rapidamente fecha a cortina para não ser vista."

10 Novamente, o âncora jornalístico apareceu na bancada. No fundo, minha silhueta com cornos visíveis jazia como um retrato, estampando o profano em rede nacional.

11 "Ainda não identificamos de quem seria o apartamento, mas queremos acreditar que isso não passa de uma brincadeira de extremo mau gosto feita pelo inquilino. Por mais que ainda não se tenha uma explicação para esse fenômeno apelidado de 'Trombetas do Apocalipse', fantasiar-se de um emissário do Diabo para zombar do desespero alheio é, no mínimo, um desrespeito à fé de milhares de pessoas."

12 Ainda que mil palavras fossem ditas para contestar uma ideia, jamais teriam a força de uma imagem; e aquela, semelhante à abstração construída para a aparência de Lúcifer após ter sido expulso da presença de Deus, comprovou-se conde-

nável de imediato quando a senhora na minha frente fez o sinal da cruz.

13 — Ainda nem consegui batizar o meu filho. — Escutei a outra lamentar-se, quase aos prantos, com o olhar piedoso sobre sua criança.

14 — Se importa de fazer uma oração, querida? — A mais velha convidou a jovem, que, preocupada com o futuro do menino, ajeitou o pequeno no colo e fechou os olhos para participar do culto que teve início entre as paredes de um templo da ciência. — Jesus, protegei-nos dos laços ímpios de Satanás. Rogamos para que Deus, em Sua misericórdia, impeça o Anticristo e o seu vil exército de causar terror e infligir sofrimento aos Vossos filhos. Pedimos ao céu para que ele seja detido e que a mão do castigo seja evitada através da conversão durante o Grande Alerta.

15 O medo era uma arma poderosa para controlar e doutrinar um povo, e a religião que oferecesse um modelo de salvação contra um terrível inimigo criado por ela mesma facilmente entronava-se como a mais fervorosa das crenças.

16 Só pude balançar a cabeça, incrédulo com tamanho fanatismo.

17 — Fausto? — Meu nome chamado pelo dr. Lucas na porta da sua sala fez-me desviar da cerimônia.

18 Foi um alívio poder distanciar-me da missa improvisada, mas, ao passar pela mesa da recepção, Giselle agarrou meu braço.

19 — Por favor. Tenho dois filhos pequenos.

20 Debulhou-se em lágrimas desoladas e beijou as costas da minha mão.

21 Fui incapaz de dar uma resposta aos seus olhos implorantes, circulados pela mancha arroxeada tão comum aos agredidos pelo transtorno. Restou-me a educação de não forçar minha saída e aguardar que a racionalidade tomasse as rédeas da sua angústia.

22   Não demorou para que ponderasse as prováveis consequências do assédio a um paciente da clínica. Desculpou-se e disfarçou a expressão de luto.

23   Quando fui liberado da reverência inadequada, o dr. Lucas já aguardava, sentado à sua mesa.

24   — Por favor. — Apontou para a cadeira enquanto procurava na gaveta o envelope com os exames. As normas de etiqueta diziam-me que não era educado conversar com alguém sem tirar os óculos escuros, ainda mais em um ambiente fechado. Expus as vistas enfastiadas, que ardiam a cada piscada mais longa, mas fiz questão de manter o chapéu cobrindo a cabeça. — Não dormiu?

25   Meu estado devia estar tão lastimável que não dava nem para esconder.

26   — É que eu ainda não tinha ido deitar quando começou o barulho, e depois não consegui mais. Acho que ninguém...

27   — Está complicado ter uma boa noite de sono com a mídia dando tanta atenção pra essa história de fim do mundo. Agora só se fala desse vídeo do rapaz de chifres — mencionou o caso como se falasse do clima, sem dramaticidade, atiçando minha curiosidade sobre onde estaria traçado o limite da sua crença.

28   — E o senhor acredita no que estão falando? — arrisquei, imitando sua indiferença, ainda que meu coração desejasse fraturar minhas costelas.

29   — Posso ter minha fé, mas convenhamos que não dá pra acreditar que o Anticristo tenha alugado um apartamento pra ficar espiando os outros de uma janela.

30   Uma gargalhada ruidosa impregnada de ceticismo explodiu na boca do médico. Aquilo deveria ter ajudado meus nervos a se acalmarem, mas serviu apenas para eu dizer em voz alta algo que ele não precisava escutar:

31   — Quem tem chifres de cordeiro não é o Anticristo. É quem anuncia a vinda dele. — Senti a incontrolável necessidade de

corrigir a troca de personagens em sua fala e recebi de volta seu semblante sisudo. — Já interpretei a volta de Jesus no fim dos tempos para o ato do Juízo Final. — Despistei, fazendo bom uso da minha dissimulação para escapar de perguntas que não gostaria de responder.

32 — Não tenho dúvidas de que, algum dia, as revelações do apóstolo João vão se cumprir. Mas isso não é pra agora. Até porque, se esse for o período que Deus vai julgar os incrédulos, ainda teriam os sete anos da Tribulação antes de a Besta ser jogada no lago de enxofre.

33 As alegorias da mitologia cristã eram tão verossímeis quanto as de qualquer outra que também resumisse nossa criação a um ato de vaidade realizado por uma divindade suprema entediada. Por algum motivo inexplicável, entretanto, muitas pessoas não enxergavam as palavras bíblicas como simbolismo e seguiam-nas à risca, apesar de suas inúmeras contradições.

34 A Grande Tribulação, mencionada pelo dr. Lucas, fora profetizada por Jesus e registrada nos Livros de Mateus, de Marcos e de Daniel. Pelo visto, ter a mesma situação narrada por discípulos distintos que estiveram presentes na predição já era prova suficiente para os católicos ignorarem as metáforas do Evangelho.

35 Já dos erros de sua cronologia, a Sagrada Escritura não podia escapar. Restou à pseudociência dos numerólogos a difícil arte de prever seus futuros episódios, pois os matemáticos mais brilhantes choravam ao calcular a ordem exata dos eventos.

36 Nessa paisagem de incertezas, os supostos sete anos detestáveis que nos prepariam para o Armagedom podiam muito bem ter sido os últimos setenta, dado que as indicações de tempo nas profecias não respeitavam um cronograma que compreendêssemos, e por não ter havido uma década sequer de paz por quase um século.

37 — A amostra que foi pro laboratório não indicou nenhum elemento maligno. — Fui tranquilizado logo de início pelo dr.

Lucas, mas vi suas sobrancelhas franzirem ao folhear as páginas do resultado do exame repetidas vezes. — Você costuma passar protetor solar?

38 — Acabei não desenvolvendo esse hábito — admiti com receio de perguntar o que eram as pintas, vez que fantasiava um tumor cerebral como o motivo para minha última alucinação.

39 — Melhor começar — sugeriu, devolvendo o laudo médico ao envelope. — Apesar de não ter célula cancerígena, o material retirado é queratinoso.

40 — Queratinoso?

41 — O mesmo que compõe as unhas. É uma lesão epidérmica rara, mas que pode acontecer nas partes que recebem mais a luz do sol. Tira o chapéu pra eu dar uma olhada na cicatrização.

42 Quando se levantou da cadeira para me examinar, quase corri porta afora. Durante o tempo em que ele higienizava as mãos, eu podia sentir cada grão de areia escoar em câmera lenta pelo vértice de uma ampulheta. Ponderei, em uma fração de segundo, as possíveis reações de alguém ao se deparar com os chifres na minha testa e fiquei receoso de mostrá-los.

43 Atentei-me ao fato de, apesar dos ícones católicos sobre sua mesa, o dr. Lucas ser um homem da medicina, e, como tal, assimilaria minha condição, pois tinha vasta experiência no campo das enfermidades. Seu discurso anterior também confirmara a descrença no boato sensacionalista perpetrado pela mídia de que entre nós caminhava o Anticristo, o que me fez ter coragem de tirar o chapéu para expor o improvável.

44 — Vou te dar uma amostra de um bloqueador solar que você pode comprar depois na farmácia...

45 Quando ergueu a cabeça e encarou meus cornos bem formados, levemente retorcidos para trás, seu corpo travou com a mesma velocidade com que o creme em seus dedos foi ao chão.

46 — Doutor...

47 — Sai daqui!

48 Apontou tremendo para a porta conforme se afastava sem desviar os olhos arregalados da minha testa.

49 — Depois que eu tirei as pintas parece que...

50 — Agora! — berrou como se quisesse me exorcizar do seu consultório e apertou no peito um de seus padroeiros esculpidos em gesso.

51 Aliar medo à religião era a fórmula mais eficaz para destruir o pouco que ainda restava de vida inteligente na Terra. Gostaria de ter tido a chance de explicar-me, mas parecia não haver nada que eu pudesse dizer para acalmar o dr. Lucas.

52 Notei seu rosto avermelhando-se junto às veias que riscavam o branco dos seus olhos. Aparentava estar perdendo o equilíbrio, porém negava-se a dobrar os joelhos. Imaginei que era para não se curvar diante do suposto arqui-inimigo de seu Messias.

53 Senti que, se eu ficasse ali por mais tempo, a próxima fala que ele escutaria seria o sermão de um padre no seu velório após uma taquicardia causada pelo ataque de pânico.

54 Cobri com o chapéu os agentes daquele surto descabido e obedeci à ordem de ir embora antes que o pior acontecesse.

FST
16·22

19.

1 Cabisbaixo pela atitude incompreensível de alguém que, pela maior parte da sua existência, apoiara-se em evidências indiscutíveis do conhecimento científico para exercer sua profissão, eu caminhava pela rua sem aceitar a vitória esmagadora da crença contra a razão.

2 Por mais que meu rosto estivesse protegido por óculos escuros para não ser reconhecido, queria chegar ao apartamento o quanto antes a fim de evitar o risco de novas hostilidades.

3 O fluxo de transeuntes no final da manhã parecia menor que o habitual. Eu costumava ter de driblar os pedestres mais desatentos no calçadão, mas naquele dia conseguia traçar uma linha reta.

4 Com os ombros curvados para a frente durante a maior parte do trajeto, a curiosidade fez-me erguer o pescoço e entendi o porquê da ilusória calmaria. Uma multidão aglomerava-se em frente à enorme vitrine de uma loja de eletrodomésticos. Estavam todos parados, atentos ao que era exibido nos televisores, como se houvessem noticiado uma calamidade de proporções meteóricas.

5 Ignorando meu instinto de autopreservação, fui contaminado pelo comportamento da massa e acabei juntando-me à plateia. Quando descobri a causa das expressões pesarosas, espelhou-se na minha face o mesmo sentimento, ainda que por outro motivo.

6   Novas descobertas sobre o suposto Anticristo eram apregoadas com caráter de urgência. Mais uma vez, a imagem congelada da minha silhueta — um ícone do sensacionalismo barato — era analisada por uma influente apresentadora de telejornal.

7   "Dá para identificar, aqui no fundo dessa imagem, o que parece ser o último andar do Martinelli, situado a poucos metros do edifício Altino Arantes, um dos maiores de São Paulo. Portanto, o que podemos concluir até o momento é que o homem que vem sendo chamado de Anticristo por grande parte da população apareceu na janela de um apartamento que fica no centro da capital paulista."

8   Os meios de comunicação edificavam uma nova Torre de Babel usando o idioma da histeria. Construíam um zigurate com boatos e suspeitas na ânsia por alcançarem os Céus, sem entender que se dispersavam do verdadeiro caminho que lhes daria a permissão para entrar na morada divina.

9   A situação parecia agravar-se a cada respiro. Minha residência, exposta na mídia daquele jeito, acabara de tornar-se a carniça mais saborosa que os abutres poderiam farejar. Para não precisar prender o ar até morrer, teria de pressionar Elias a arranjar, para ontem, o palco que me faria acordar daquele pesadelo.

10   Quando tentei abandonar o grupo, fui arrebatado outra vez pelo temível zumbido estridente, que chegou como uma farpa atravessando meus tímpanos. As mãos nas orelhas não afastavam a dor, e controlei-me para não berrar. Na esperança de amenizar a tortura, fui levado a inclinar a cabeça, deixando que os óculos acidentalmente caíssem na calçada.

11   — Tudo bem aí, amigo? — Pesou-me nas costas a mão de um rapaz. Ao tentar agradecê-lo pela gentileza, percebi seu semblante ganhando aquele famigerado contorno de quem sentia-se abençoado ao ver-me. — Você... você é... — Virou-se à

multidão com um brado fervoroso: — Ele tá aqui! O Messias tá aqui!

12   — Não, não, não! — Apressei-me em agarrá-lo pelos ombros e colei meu rosto ao dele para impedi-lo de gritar. — Por favor, cara, fica quieto. Você não pode me chamar disso!

13   A alcunha sagrada soava aos meus ouvidos como maldição. Antevendo mais um ruído proveniente do infinito, a última coisa que eu queria agora era ratificar as alegações do Diabo de que o rebanho de Cristo recorreria a mim para uma falsa salvação.

14   Quando o poderoso estrondo sideral rebentou acima de nossas cabeças como um urro de guerra entre os deuses, larguei o jovem à própria sorte. Cada nova onda que atingia o planeta após cruzar o universo ressonava mais forte, e era impossível não cobrir as orelhas.

15   Assim que o solo começou a tremer, senti-me navegando de pé em uma canoa perdida em mar revolto. As televisões abandonavam os pedestais e as vidraças trincavam.

16   Os receosos de serem tragados pelo asfalto que se abria tentavam correr, mas encontravam no chão duro a sua linha de chegada.

17   Na minha coreografia involuntária em busca de equilíbrio, pratiquei meu sapateado canhestro sobre meus óculos. Quando o terremoto, enfim, encerrou-se, encontrei as lentes partidas na armação pisoteada.

18   Sem eles, eu estava exposto. Em tempos de histerismo sobre o Apocalipse, caminhar pela cidade como a imagem e semelhança de Cristo era uma ostentação que atrairia beatos ansiosos pelo direito ilusório de festejar comigo no Paraíso.

19   Esse parecia ser o meu problema mais imediato, não fosse o estranho ruído brusco, semelhante ao do desabamento de uma imensa torre de ferro, que atraía o olhar de todos para o horizonte.

20   Distantes, os prédios mencionados na reportagem destacavam-se na paisagem devido à altura. No edifício Altino Arantes, algo estava errado. O marco emblemático de sua arquitetura — o pesado mastro em que a bandeira flamulava — despencara das alturas e o eco do seu beijo no solo retinia a quilômetros de distância. Poucos segundos depois, o impensável extrapolou as suposições mais alarmistas: uma estria abriu-se em sua fachada de concreto, e o topo do arranha-céu começou a ruir. Gritos desesperados mesclavam-se ao som do desmoronamento das estruturas em uma melodia caótica de destruição.

21   Com a força de uma implosão mal planejada, o colapso do enorme bloco de andares não poupou o Martinelli, que recebeu, desprotegido, as toneladas de cimento e veio abaixo, levantando a monstruosa nuvem de poeira, que engoliu o centro velho.

22   Ainda abismado, mal tive tempo de recuperar a lucidez após o evento catastrófico ao sentir os braços daquele mesmo rapaz segurando uma das minhas pernas.

23   — Mostra pra gente o caminho da salvação, meu Senhor! Eu te imploro por tudo que é mais sagrado — rogou, aos meus pés, feito um pecador arrependido.

24   Pelo exagero da súplica, talvez nem o bispo de Roma conseguisse absolvê-lo da culpa que o afastava dos portões celestiais.

25   Fiz de tudo para me soltar antes que outros inclinados ao pecado buscassem em mim o perdão, no entanto estava complicado desprender-me daquele espetáculo escandaloso.

26   Quando vi que alguns já se abeiravam de mim com as mãos juntas em oração, dei uma jogada de corpo mais vigorosa e fui contra um inoportuno sopro de vento. Ao sentir a rajada de ar na raiz dos cabelos, soube de imediato qual seria a consequência do meu azar.

27 Antes mesmo de o chapéu atingir o chão, o jovem assustado passou a rastejar de costas, mirando meus chifres. Trêmulo e emudecido, apontou para minha testa como se estivesse diante do tirano que arrancaria sua pele escaldada nas caldeiras do Inferno.

28 Devido à revelação dos cornos, aqueles que orbitavam minha suposta santidade sentiram o repúdio gravitacional da minha aparência profana. Meu campo de atração agora repelia os que havia pouco tempo me adoravam.

29 Temendo que a idolatria se transformasse em ódio com a mesma rapidez com que os sussurros maldiziam minha presença, escondi as saliências com um dos braços e corri para bem longe.

20.

1 Ao empurrar a porta da recepção do meu prédio, inalei a ansiedade do porteiro para conversar. Era meu costume cumprimentá-lo sempre que o encontrava, mas, naquele dia, estava indisposto para arquear os lábios de modo cordial e, mantendo encoberto o símbolo do insulto religioso que empesteava minha cabeça, cruzei o corredor sem olhar para os lados.

2 Somente após duas voltas bem dadas na tranca do meu apartamento pude respirar aliviado. Por mais que a placidez do isolamento fosse o ópio de que minha angústia precisava, não conseguia acalmar o ânimo sabendo que o germe do conflito ainda enfeitava minha cara.

3 As escolhas mais estúpidas sempre eram feitas à beira do desespero, e era esse o meu estado de espírito.

4 De frente para o meu reflexo chifrudo no banheiro, agarrei um dos cornos e empreguei uma força capaz de levantar meu corpo inteiro do chão. Por mais que sentisse a pressão no crânio, estava determinado a quebrá-lo. Os dentes cerrados tentavam impedir que o grito escapasse pela boca, mas a dor era tão grande que estraçalhou a barreira marfim com um brado rouco e cheio de baba. Quase atingia as notas de um tenor dramático quando o som da campainha me tirou do autoflagelo. Minhas mãos estavam avermelhadas e latejavam.

5 Desconfiei ser o Diabo querendo impedir-me de arrancar sua assinatura da minha testa, mas não era seu costume vi-

sitar-me enquanto o sol ainda brilhava. Aguardei, na expectativa de que o visitante indesejado batesse as pernas para bem longe dali, mas o toque agudo perturbou mais uma vez minha paciência.

6   Corri ao armário e vesti, por cima da camiseta, meu único casaco encapuzado. Na terceira toada da sineta, cobri a cabeça e abri a porta apenas o necessário para conseguir ver quem era.

7   — Tentei entregar pro senhor lá embaixo. — O porteiro esticou seu braço com o jornal, e o peguei fazendo questão de demonstrar minha falta de disposição para conversas. Curvei a boca de modo obrigatório conforme retornava ao isolamento, mas ele evitou minha fuga com a cara de quem queria dizer algo desde que me vira atravessar a recepção. — Senhor Fausto... não daria pro senhor abençoar o nosso prédio? Tem gente dizendo que é daqui a janela que apareceu o Anticristo.

8   — Não sou padre.

9   Sinceridade muitas vezes é confundida com grosseria; eu, porém, não dizia nada além da verdade.

10   — Mas o senhor é a encarnação de Cristo que veio na carne. — Colocou a mão para impedir que minha porta se fechasse no seu nariz. — Quando oro a Deus, escuto a resposta Dele na sua voz. O senhor é o nosso Messias.

11   — Não sou o Messias de ninguém! Sou só um ator e mais nada!

12   Não sabia quantas vezes precisaria bradar aos quatro ventos quem eu era. Sempre fora fiel ao personagem, retratando Suas virtudes da melhor maneira possível, mas do Seu fardo eu queria distância.

13   — Meu coração sabe que o senhor veio em nome do Pai pra nos trazer a salvação. — Piorou ainda mais o seu discurso de carola alienado, atingindo em cheio meu botão do desabafo.

14   — Não tenho como oferecer nenhum tipo de salvação! Se eu tô aqui em nome de alguém, é só do meu!

15   O estrondo da porta ao acertar o batente reforçou a exclamação daquelas palavras precipitadas. Devoto como ele era, logo interpretaria minha fala como impostura religiosa das mais graves.

16   Enquanto a maioria das pessoas fiscalizava redes sociais nos momentos ociosos, era comum que os mais crentes memorizassem trechos bíblicos para apontarem o dedo aos pecadores. Se o porteiro já tivesse passado pelo capítulo 5 do Livro de João, com certeza iria lembrar-se do aviso que Cristo dera aos judeus após ter sido atacado por curar um enfermo em Betesda durante o shabat.

17   Jesus, quando provocado de modo incessante por trabalhar no descanso obrigatório do sétimo dia — e pela aparente soberba de colocar-se como o Filho de Deus sem qualquer inibição —, fora categórico ao afirmar, no versículo 43, que os hebreus não o recebiam por vir em nome do Pai, porém haveriam de receber aquele que viria em seu próprio nome.

18   Para um homem conhecido por pregar a conciliação, Ele tinha uma língua bem afiada. Sua indireta referia-se claramente àquele que glorificava a si mesmo em lugar de Deus e do Messias que viera na carne, ou seja, o Anticristo.

19   Essa fora apenas mais uma das afrontas que levaram o Nazareno à crucificação. Sua morte por ter ferido o ego de Israel não era um comportamento que eu devia repetir, sobretudo em tempos sombrios nos quais a religião voltara a ser um tema medular na sociedade.

20   Para agravar minha culpa por ter lançado aquela declaração inconsequente, li a manchete do jornal escrita em letras garrafais: "O ANTICRISTO ESTÁ ENTRE NÓS!".

21   O texto berrava a acusação no meu rosto. Como esperado, meu vulto engalhado ilustrava mais uma vez o movimento criado por fanáticos. Só interessava ao lixo o conteúdo daquela matéria.

22 Esparramado entre os lençóis da cama, esforcei-me para encontrar algum consolo ao encarar o teto. O lustre apagado era a metáfora perfeita para a falta de clareza que assolava minhas indagações sem resposta. Ainda que houvesse luz vindo da janela, sentia-me preso ao escuro, em um labirinto sem portas.

23 As olheiras fundas que saqueavam a beleza do meu rosto não eram apenas de desânimo mas também de cansaço. Mesmo que eu as sentisse afundando nas cavidades oculares, a abençoada anfetamina tinha poder. Estava consagrado seu efeito, pois, mesmo após ter varado a madrugada, meu corpo recusava-se a dormir.

24 Quis desaguar meu desespero, mas contive o pranto com um tapa no rosto. Não me era permitido afugentar os pensamentos desgostosos por meio de um cochilo, portanto desisti de tentar apagar o mundo por algumas horas.

25 Fui até a sala e decidi martirizar-me com as atualizações sobre a catástrofe, pois ficar alheio às notícias do desastre daquela manhã era uma calmaria artificial em meio à tempestade real da qual eu estava no centro.

26 Ao ligar a TV, o primeiro canal já trazia um jornalista comunicando o panorama lastimoso em um boletim urgente:

27 "O número de mortos ainda não se sabe, mas é grande; os prédios estavam lotados. Até agora, não foram encontrados sobreviventes."

28 Ilustrando melhor aquele mesmo cenário, em outra emissora um repórter de semblante enlutado transmitia ao vivo a situação calamitosa.

29 "Muita tristeza aqui no local. Parentes das vítimas auxiliam na busca, mas não há esperança de que sejam encontrados com vida."

30 Zapeando pela programação, vi que não mostravam outra coisa. Pessoas com a pele coberta de poeira corriam entre os escombros dos edifícios à procura de familiares e amigos. O

choro das crianças que ficaram sem os pais era explorado pelos cinegrafistas órfãos do bom senso. A desolação de quem havia perdido tudo era capturada sem controle moral por lentes focadas na audiência. O espetáculo da podridão era o verdadeiro indício do final dos tempos.

31   Em um canal da TV aberta, um programa abordava as temerosas ocorrências de maneira mais instrutiva e, no lugar dos rostos desolados e das lágrimas copiosas, exibia um debate no qual três das maiores autoridades em seus campos de atuação respondiam a questionamentos sobre o tema que tirava o sossego de todos.

32   "A progressão dos eventos astronômicos que estão atingindo o nosso planeta é preocupante", discursava um especialista em estudos do Universo, prendendo minha atenção. "Os radiotelescópios já haviam captado outra onda de radiação eletromagnética antes dessas três que pudemos ouvir pelo mundo todo. Mas, até agora, não encontramos coerência no intervalo dos episódios para prever quando podem voltar a ocorrer e muito menos com que força."

33   "Mas os cientistas já conseguiram identificar a origem, ou pelo menos a causa desse barulho que vem sendo escutado?", indagou o mediador com a mesma dúvida que me incomodava.

34   "Existe uma teoria de que um jato de partículas tenha sido expelido do centro da nossa galáxia, criando bolhas de raio gama que medem aproximadamente metade do diâmetro de toda a Via Láctea. Geralmente, isso acontece quando há uma explosão de formação estelar ou depois que um buraco negro supermassivo engole muito material intergaláctico", exibiu seu conhecimento como membro do corpo docente do Instituto de Astronomia, Geofísica e Ciências Atmosféricas da USP, segundo as credenciais que li no vídeo. "O som que estamos escutando do espaço pode ser justamente a reverberação da Terra em relação a essa energia que está vindo do núcleo do nosso sistema celeste, como se estivéssemos em uma espécie de caixa de ressonância."

FST 16-22

35   Aquela parecia uma explicação didática para o que eu assistira em pesadelo no palco infernal ao lado de Satã.

36   Sentei-me para acompanhar os esclarecimentos dados por um perito no assunto. Se fora eleito porta-voz dos astrofísicos, com certeza podia expor uma visão acerca dos acontecimentos atuais que pudesse servir para distanciar as interpretações profanas que me atormentavam.

37   "Creio que a pergunta que todos devem estar se fazendo nesse momento, ainda mais depois da terrível tragédia dos prédios que desabaram hoje, é: como nos protegemos disso? Quais medidas estão sendo tomadas para que algo pior não aconteça?", o apresentador levantou a questão para a qual eu também buscava resposta.

38   "Estamos com nossos olhos no céu para entendermos o que ele está querendo nos dizer. Esse é um fenômeno inédito na história da astronomia." Apesar da serenidade na voz do palestrante, eu sentia seu íntimo gritando para não ser devorado pela esfinge. "A verdade é que ainda não existe a tecnologia necessária para compreendermos com exatidão de onde vem essa força e para onde ela está indo. Imagine que só identificamos essa energia há poucas semanas, sendo que o evento real que a gerou pode ter acontecido há alguns milhares de anos. Se analisarmos friamente nosso papel na imensidão cósmica, a Terra não é mais do que um grão de areia que pode ser varrido a qualquer momento por uma ação do Universo."

39   Um breve silêncio entre os participantes ilustrou o mesmo desconforto que me abateu diante da réplica inesperada. Eu concordava que a visão científica dos acontecimentos que regiam o cosmos não podia ser suavizada em razão de reações emocionais intimidadas pela verdade, por pior que ela fosse, mas era preciso coragem para admitir tal afirmação.

40   "O senhor, então, está querendo dizer que, aos olhos da ciência, há uma preocupação real de que nós aqui embaixo,

na Terra, podemos estar à mercê de algo que está acontecendo lá no céu?"

41 "A intimidade cósmica entre os astros e o campo que habitam nos proíbe de desassociar nosso planeta dos eventos galácticos que estão ocorrendo. Essa noção de que o céu está lá em cima e nós aqui embaixo, quase que em oposição, é um conceito inaceitável há quase dois mil e quinhentos anos. Desde que os gregos concluíram que a Terra é redonda, sabemos que o céu está por todos os lados e em todo lugar. Inclusive aqui, nesse espaço que nos separa."

42 "Aqui?", o mediador compartilhou meu ceticismo ao tatear o ar na sua frente. "Estou tocando o céu agora?"

43 "Não apenas tocando, como fazendo parte dele. É errado nos vermos como um membro desconjuntado do Universo. Somos todos formados por poeira de estrelas. Se eu pego um átomo de oxigênio seu, por exemplo, posso traçar sua origem com cálculos astrofísicos e descobrir qual tipo de estrela o formou. O mesmo pode ser feito com qualquer outro átomo no nosso corpo. Portanto, é muito significativo esclarecer que nós somos o produto de muitos astros que morreram e, hoje, estão dentro da gente como matéria. Como somos parte do cosmos, estamos sujeitos a sofrer todos os efeitos dessa turbulência sideral."

44 Também convidado para o debate, o arcebispo metropolitano de São Paulo, com seu traje litúrgico negro e crucifixo de prata pendurado no pescoço, parecia querer a palavra.

45 "Seu eu puder completar a ideia do amigo..."

46 "Vossa Eminência pode ficar à vontade", o apresentador prontamente consentiu-lhe a fala. "Estamos aqui para ouvir as diferentes áreas sobre a atual situação pela qual o mundo está passando, e é inegável que a religião se tornou o tema central dos últimos dias."

47 Imaginei que, para os eruditos, ver a principal autoridade do catolicismo do país em um embate direto contra uma das

nossas mentes racionais mais brilhantes equivalia a assistir a uma final de campeonato entre dois times rivais.

48   As batalhas ideológicas travadas historicamente por essas duas certezas tão díspares deram bastante pano para tecer uma das mangas da filosofia. Era notório que a ciência considerava a religião um obstáculo ao conhecimento, moldada na premissa de que a fé não nos dá respostas. Já do outro lado, ter o mérito sobrenatural do criacionismo posto em xeque pela teoria da evolução fora um golpe imperdoável.

49   Embora milhares de devotos ainda se ajoelhassem para o mito de que a humanidade fora criada cerca de quatro mil anos antes de Cristo, as diversas evidências de uma ancestralidade muito mais antiga escancarava o erro dessa doutrina. Isso, por si só, já era motivo de sobra para uma luta de facas entre os representantes no palco do programa.

50   "Esse discurso de que fazemos parte de um todo está escrito no décimo segundo capítulo da Epístola aos Romanos", o teólogo apoderou-se da teoria apresentada e, para minha surpresa e a de todos, elevou-a a uma verdade bíblica. "O apóstolo Paulo já afirmava que somos um só corpo em Cristo, unidos pela graça, e isso é uma prova de que a fé sagrada nunca foi contra a ciência. Pelo contrário, ela incentiva a busca pela verdade no que se refere à compreensão dos eventos não materiais. A diferença entre as duas é que a religião não exige provas tangíveis para o que está acima da lógica humana."

51   Fiquei embasbacado. Aparentemente insatisfeita em apenas concordar com os princípios da sua arqui-inimiga, a Igreja dourava o método científico com sua benevolência sedutora, roubando para a Santa Escritura o mérito do conhecimento.

52   A realidade era que, por mais que os eclesiásticos gostassem de desmerecer o darwinismo na mesma paridade que os cientistas repudiavam a origem da vida a partir da ação de uma entidade divina, havia uma forte relação de dependência

entre as duas. Elas eram as asas de que a alma humana precisava para alçar voo à verdadeira prosperidade. Era impossível locomover-se no ar com apenas uma. Se o homem tentasse voar somente com a asa da religião, cairia no brejo das crendices; em contrapartida, se confiasse unicamente na da ciência, afundaria no lodo do materialismo.

53 "E Vossa Eminência crê que o evento que estamos testemunhando hoje realmente seja a visão de João Evangelista sobre o final dos tempos?" Notei o uso de um tom parcimonioso pelo jornalista, provavelmente para não alastrar o pânico que ele próprio estaria sentindo.

54 "Por mais simbólica que seja a descrição no Livro das revelações, a presença do Anticristo entre nós é uma confirmação incontestável de que todos os selos já foram quebrados. Apoiado na minha fé e na de milhares de pessoas, não posso alegar que o som que está ecoando no céu seja outra coisa que não as Trombetas do Apocalipse."

55 À beira do precipício, desejava encontrar algum argumento que me puxasse para longe, mas o cardeal pareceu ter encarnado a voz de Deus só para me empurrar.

56 Se o propósito de reunir estudiosos qualificados era o de tranquilizar a população por meio de declarações otimistas, o tiro saíra pela culatra. O embaraço no palco do programa era visível no semblante do apresentador, que se virava como podia após a sequência de falas desastrosas.

57 "Acredito que mesmo quem não se considera religioso ou segue outra doutrina que não a do cristianismo esteja preocupado com essa possível ameaça vinda do céu. Eu mesmo, que mal rezava, comecei a frequentar a igreja e fiquei abismado com a quantidade de fiéis lotando os cultos."

58 "O número de arrependidos vem crescendo muito nos últimos dias, e a função da Igreja é oferecer a redenção espiritual por meio do Evangelho de Jesus Cristo, mas a salvação

do corpo físico cabe à ciência e, como ela já encontrou uma resposta para nossa comunhão com Deus, entendo que os esforços científicos daqui em diante precisam estar direcionados a compreender materialmente a simbologia do Dia do Julgamento para traçar algum tipo de prevenção que nos permita sobreviver. Não podemos deixar que a sétima trombeta soe, pois é ela que irá evocar a derradeira ira divina."

59 Se não fosse trágica, eu acharia cômica essa conversão de um alto sacerdote à filosofia dos princípios do mundo material. Aquele era um sinal de que até mesmo quem acreditava ser digno de entrar no Paraíso temia dar suas voltas pelo Inferno de mãos dadas com alguns dos seus pecados.

60 Percebi a preocupação da emissora com o rumo alarmista que a conversa tinha tomado quando vi o mediador atento às instruções que recebia pelo ponto em seu ouvido. Acenando positivamente com a cabeça, desfez de imediato a carranca perturbada e apresentou para as câmeras um sorriso teatral.

61 "Bom, esses boatos de que o mundo estaria perto do fim sempre foram muito comuns ao longo da História, e o fato de estarmos aqui até hoje é um bom argumento pra contrapor esse cenário fúnebre, não é mesmo, professor?", dirigiu-se ao terceiro convidado, um celebrado filósofo midiático sem cabelos, de voz grave e ponderada, que eu aguardava ouvir desde que o vira em sua cadeira.

62 "Eu diria que essa é uma interpretação otimista, e o otimismo é uma qualidade de quem não domina todas as variáveis. Os dinossauros do período Cretáceo, por exemplo, discordariam com veemência dessa sua afirmação." Sua ironia faria-me rir se não fizesse coro com o refrão do Armagedom. "O que nosso querido arcebispo está elegantemente sugerindo é uma recomendação abstrata, pois, como o amigo astrônomo já explicitou, não há, no campo da ciência, qualquer registro de evento semelhante que nos permita estabelecer uma ação de sobrevivência. Estamos diante de um momento ímpar, no qual

religiosos e cientistas finalmente se dão as mãos e compartilham o ponto de vista de que algo de dimensões grandiosas pode estar prestes a nos abater", foi impiedoso ao esmagar a esperança dos muitos que, como eu, esperavam ouvir que o Apocalipse não passava de mera fantasia.

63 "Mas se tanto a razão científica quanto a fé religiosa acenam que podemos estar à beira da extinção, existe alguma alternativa à qual a gente possa se agarrar pra evitar uma possível catástrofe?"

64 Não me admirava que o mediador continuasse batendo na mesma tecla; afinal, precisávamos de uma solução.

65 "Frente ao caráter metafísico do que vem sendo observado, e quando me refiro a isso não quero dizer no sentido da filosofia aristotélica, mas no de algo etéreo, que não consegue ser comprovado de modo material, é natural recorrermos ao misticismo. Quando nossa colheita não prospera, rogamos a alguma entidade da natureza para que nos traga a chuva. Se a vida nos ataca com dificuldades insolúveis, fazemos oferenda em uma encruzilhada..." Interpretei suas referências xamanistas e da umbanda como uma alusão à hipocrisia de que até mesmo o mais devoto dos cristãos rendia-se àqueles que prometiam resultados em curto prazo. "O importante é que, para que um pedido seja atendido, precisa haver uma troca: algo que eu quero por algo que acredito que a entidade que satisfará o meu desejo queira. Para um deus narcisista pode ser a eterna devoção, enquanto para outros mais mundanos pode ser algo tangível. Quanto maior o tamanho do que está sendo requisitado, maior também terá que ser o tributo oferecido."

66 "Existe algo que possa ser dado em troca da sobrevivência de toda uma espécie?"

67 A pergunta do apresentador refletiu o medo coletivo que assolava nossos dias. Era difícil, para qualquer um, imaginar que houvesse algo pior a perder além da própria vida.

68 Ansiei pela resposta com a esperança de que fechasse os portões do Inferno, que queriam me engolir, pois, no meu caso, ainda tinha de viver sob a ameaça da condenação eterna.

69 Sabia que, para um homem da envergadura mental do influente historiador, de nada serviria ter exposto uma situação sem que pudesse justificá-la.

70 "Uma prática que se posicionou como extremamente eficiente nas mais diversas culturas ao longo dos séculos foi a teologia do sacrifício. Mesmo as religiões que não mais a praticam têm, em suas escrituras e tradições, menções a essa atividade como algo bastante corriqueiro. Desastres naturais eram muitas vezes atribuídos à fúria dos deuses, e os rituais de imolação eram uma forma de acalmá-los ou de direcionar essa ira a um bode expiatório para que não recaísse sobre os homens."

71 "Na celebração da Eucaristia, sempre há o sacrifício do corpo e do sangue de Cristo, conforme deixado por Jesus na nova lei", interrompeu-o o cardeal, salientando a importância de uma hóstia. "Isso acontece todos os dias em vários templos espalhados pelo mundo."

72 "A alegoria de um disco de pão sem fermento acompanhado de vinho agrada somente a um Deus compassivo, gerado a partir da nossa certeza de que continuaríamos pecando sistematicamente após a morte de Cristo sem que recaísse sobre nós as consequências de nossa própria perversão", rebateu por trás de um dissimulado semblante respeitoso que me saltava aos olhos. "Mas, pelo que os indícios nos apontam, estamos lidando com o Todo-Poderoso vingativo do Antigo Testamento, e Ele parece impaciente com a nossa sucessão de erros. A esse tipo de divindade não bastam os cânticos e a simbologia. Ele exige a vida de animais para que a humanidade possa ser perdoada por meio do sangue. Um exemplo muito conhecido é o de quando Caim e Abel apresentaram suas oferendas ao Senhor. É notório que a do primeiro foi rejeitada porque continha apenas algumas frutas e verduras

de sua horta, enquanto a do segundo foi aceita porque trazia o melhor carneiro do seu rebanho."

73 Existiam diferentes perspectivas relativas à punição ao primogênito de Adão e Eva. Ao passo que a Bíblia defendia piamente que o pecado de Caim fora o fratricídio, alguns livros apócrifos alegavam que o próprio Criador fora responsável pela morte de Abel. A verdade era que Deus, como divindade suprema, não podia ser enganado por bajulações materiais. Para uma oferenda ser considerada excelente aos Seus olhos, ela estaria mais ligada ao coração daquele que a ofertou do que à oferta em si. Ao pedir que O presenteassem com o que mais adoravam, Abel — como pastor dedicado — trouxera uma das primeiras crias do seu rebanho, e o Senhor entendera que sua oferta era adequada. Já Caim, ao apresentar o fruto do seu trabalho suado na lavoura, não agradara, pois o Todo-Poderoso bem sabia que não eram os vegetais de sua terra o que ele mais amava; era seu irmão.

74 "Se procederes bem, é certo que serás aceito", determinara Jeová em Seu golpe mais cruel.

75 Não conseguindo calar o eco daquela sentença de morte, Caim executara o pedido em lágrimas, no entanto, em vez da solenidade esperada por Deus, seu coração trazia ódio. Isso fizera com que fosse banido e condenado à condição de errante vagabundo em busca de um futuro incerto em um deserto de homens.

76 Sua declaração inflamada, "A minha punição é maior do que a que se pode suportar", não se referia ao castigo imposto pelo Criador, mas à culpa que carregaria pela eternidade após ter matado Abel.

77 Fora essa curiosa fábula de sacrifícios — uma ovelha pelas mãos do mais novo e um semelhante pelas do mais velho — que prefigurara a futura morte de Jesus.

78 Se o filósofo erudito conhecia essa versão do autodenominado "primeiro homicídio da história da humanidade", eu

não sabia. Muito menos o cardeal, que parecia mais nervoso depois da declaração.

79 "A imolação de animais se tornou desnecessária após Jesus ter assumido para si o castigo pelo pecado da humanidade ao morrer na cruz", contestou as Escrituras Hebraicas com ensinamentos do Novo Testamento.

80 "E sob essa ótica helênica do cristianismo, segundo a qual um sacrifício supremo se torna capaz de redimir todas as nossas violações mais graves, pergunto eu, perplexo: Vossa Eminência já cogitou a possibilidade de que talvez seja algo dessa natureza que Ele esteja esperando mais uma vez de nós?"

81 O que foi insinuado por meio do seu hipnótico linguajar enfeitado ultrapassava as barreiras da moral ecumênica e as de todos os mortais. Notei que o anfitrião do programa, tendo aparentemente decifrado a recomendação criminosa, foi o primeiro a manifestar-se:

82 "Desculpa atravessar a discussão, mas acho que eu nem precisaria lembrar que a maioria das religiões condena a prática do sacrifício humano, e a própria lei trata isso como assassinato. Acredito que essa não seja a solução sugerida pelo professor."

83 "Logicamente levanto essa questão apenas como proposta de debate, jamais como ação, pois seria algo extremo e que confirmaria um servilismo religioso irracional. Mas se discutirmos essa hipótese no campo da filosofia, poderíamos refletir que talvez tenha chegado o momento de deixarmos um pouco de lado as virtudes da boa ciência para abraçarmos o mesmo tipo de ritualismo que permitiu a sobrevivência da nossa espécie durante séculos."

84 O representante da arquidiocese, pasmado, devia estar com os capítulos de sua Bíblia mental abertos para buscar na lei de Deus qual era Sua vontade.

85 "O quinto mandamento é explícito ao manifestar o desejo divino de não matarmos nossos semelhantes", defendeu.

86 "Entretanto, muito antes do Decálogo escrito por Moisés, foi exigido de Abraão que levasse o próprio filho para o alto do monte Moriah e o sacrificasse para mostrar obediência."

87 Fazer interpretações levianas com a finalidade de menosprezar a crença católica já fora indelicado, mas ter citado o vigésimo segundo capítulo do Gênesis para contestar a onisciência Daquele que tudo criara pareceu um golpe inadmissível para o arcebispo.

88 "Foi apenas uma prova de fé! Tanto que um anjo foi enviado dos Céus para segurar o punho de Abraão. Nunca esteve nos planos de Deus que Isaque fosse morto. Nosso Senhor foi claro ao dizer para Oséias que preferia a misericórdia ao sacrifício."

89 "A predileção por algo não exclui, necessariamente, a vontade do paladar por outros sabores. Embora na Bíblia esteja evidente que a imolação de um ser humano precisa ser punida por se tratar de uma prática de adoração associada ao paganismo, a morte de Jesus não é o único registro dessa contradição. Um bom exemplo pode ser encontrado no Livro dos juízes, no qual a filha de Jefté foi oferecida a Deus após o exército de Israel ter retornado vitorioso de uma batalha contra os amonitas."

90 Tanto o mediador quanto o astrofísico estavam visivelmente perdidos na conversa teológica. O cardeal, entretanto, após relutar, acenou positivamente diante do comentário, permitindo o domínio do palco ao historiador com seu conhecimento agnóstico que fedia a enxofre.

91 "Uma vez superada essa ideia de que é moralmente errado o Deus judaico-cristão nos pedir para sacrificarmos um filho nosso, visto que até Ele mesmo ofereceu o Seu para que fôssemos salvos, haveria ainda questões relevantes a serem discutidas..." As reticências deixadas no ar tinham a clara intenção de que alguém completasse sua ideia.

92 "Como quem poderia ser o novo tributo que acalmaria a ira de Deus", não tardou a concluir o apresentador.

93   "Ou se Ele seria tão misericordioso quanto fora com Abraão, ou se nos deixaria ir adiante, como no Calvário."

94   Se havia malícia voluntária naquele discurso dissimulado, eu não podia afirmar. O professor deixara registrado em vídeo seu repúdio a qualquer ato violento, porém transbordava de seus olhos o desejo íntimo de estar certo. E aos sofistas de plantão, apaixonados por abusar das palavras sem se importar com uma essência que ancorasse seu pensamento, sempre fora mais fácil pegar o resumo do que ler um texto na íntegra. Para esse tipo de pessoa, aquelas insinuações eram perigosas demais.

95   Não demorou para que eu ouvisse o barulho de algo acertando a janela do meu quarto. Acreditar que uma ave tivesse perdido o controle era uma esperança natimorta. Foi quando uma nova pedra contra a vidraça confirmou meu pessimismo.

96   Por trás da cortina, acompanhei um bando formar-se. Arrastavam quem passasse na rua para uma histeria coletiva, angariando força. Aos poucos, uma multidão de diferentes idades, credos e redes sociais difamava o morador anônimo que residia naquele apartamento. Câmeras eram apontadas à minha janela, a fim de captarem uma imagem do referido Anticristo, na busca por algum motivo que justificasse seu ódio.

97   Percebi um grupo de valentes entrando no prédio com canos e pedaços de madeira nas mãos. Àqueles novos templários só faltava a túnica branca com a enorme cruz vermelha costurada no peito, pois lhes sobrava a determinação militar contra os supostos infiéis.

98   Precisava sair dali o quanto antes; ninguém trazia uma barra de ferro para uma conversa amigável. Se não se preocupavam com os meses de detenção por transgredirem o código penal pela invasão de domicílio, duvidava que iriam respeitar o artigo sobre integridade física.

99   Na falta de tempo para pegar o que não me era imprescindível, corri à mesa de cabeceira em busca das anfetaminas mila-

grosas, mas não as encontrei no fundo da gaveta. Lembrei-me de tê-las colocado em cima do móvel no último terremoto e meus olhos vasculharam o chão, sem sucesso.

100 Lutando contra o relógio, encostei os joelhos no assoalho e procurei embaixo da cama. O frasco estava lá, aberto, no canto mais distante para os braços. Estiquei meu dedo médio o máximo que pude para arrastá-lo de volta. Notei que restavam poucos comprimidos, talvez apenas o suficiente para mais uma noite. Mal tive tempo de procurar pelos outros quando um pedregulho fez chover cacos de vidro ao estraçalhar com violência a minha vidraça. Cobri a cabeça com o capuz e corri para a porta principal, certo de que os invasores já estavam próximos.

101 Assim que a abri, escutei os gritos furiosos vindo de onde ficavam os elevadores. Ameaçavam o porteiro com seus cassetetes improvisados para que não se negasse a ajudá-los naquela reprodução pós-moderna das Cruzadas.

102 Se foi Deus ou o Diabo que me concedeu tempo suficiente para trancar a porta e correr na direção das escadas de emergência, não tinha mais certeza. A quem quer que tivesse sido, eu devia a minha gratidão.

FST
16-22

21.

1 Disfarçado de mais um transeunte preocupado com o destino do planeta, o capuz que encobria meu cenho sisudo resguardava-me dos impávidos soldados da moral cristã que perambulavam pela rua. Eu queria distância das pessoas que prezavam os bons costumes religiosos, pois eram delas as mãos que me julgariam sem direito a defesa.

2 Parecia que eu estava caminhando a esmo durante horas, mas, na verdade, meus pés sabiam qual era o rumo a tomar. Já eram dos postes as luzes que clareavam as vielas percorridas até a porta na qual meu punho cansado clamou por atenção.

3 No trajeto até ali, tivera tempo de sobra para devanear sobre o comportamento dúbio daqueles que se consideravam homens de bem. Se fora comprovado, ao longo da História, que ações precipitadas em nome de uma crença traziam satisfação momentânea seguida pelo eterno arrependimento, o que devia ser lembrado era o odor pestilento dos frutos podres colhidos por atos inconsequentes. Não fora à toa que ergueram a basílica de São Pedro no mesmo terreno onde o apóstolo de mesmo nome fora crucificado de cabeça para baixo durante o reinado de Nero. Fora para suprimir o remorso.

4 Eu, no entanto, não queria que um futuro Aleijadinho me esculpisse como um ícone da culpa. Preferia envelhecer no

anonimato a ser eternizado em pedra-sabão por ter sido morto ainda jovem por motivos absurdos.

5   Após muito insistir, finalmente ouvi a chave girar no trinco. Quando a porta se abriu, não estranhei o espanto de Laila ao me encontrar em sua casa sem aviso prévio.

22.

¹ O sofá aconchegante que minhas costas bem conheciam era o convite perfeito para entregar-me ao deleite de um repouso mais do que merecido. As solas dos meus pés só não latejavam mais que a cabeça, carente de algumas noites de sono.

² Em uma ingênua piscada, minhas pálpebras quase não se levantaram. Aquela metade de segundo em que me entregara acidentalmente ao escuro foi o alerta de que o resquício da química que corria pelas minhas veias seria insuficiente para me manter acordado. Por mais que precisasse escapar da realidade, visitar o Inferno — mesmo que apenas por alguns poucos minutos — era uma carta que eu havia tirado do meu baralho.

³ Busquei o frasco de remédios no bolso do casaco encapuzado e só não chorei ao ver as últimas três pílulas porque não queria dar explicações. Relutei em virar as drogas na garganta na mesma equivalência de um fiel esfomeado tentando resistir ao corpo de Cristo durante a celebração da Eucaristia. Os comprimidos desceram a goela na velocidade de um devoto alcoólatra entornando o vinho comungado.

⁴ Consegui esconder o recipiente vazio antes que Laila atravessasse o corredor trazendo roupas de cama.

⁵ Era a primeira vez que a via de cabelos soltos e sem o reservado terno feminino que lhe conferia uma sobriedade digna dos catedráticos. Jamais deixara suas pernas à mostra durante as sessões e sempre fechara a camisa social até o penúltimo

botão. Como psicóloga do mais elevado grau acadêmico, devia estar ciente de que uma possível atração física entre doutora e paciente era um obstáculo para o sucesso da terapia.

6   A camiseta decotada e a bermuda curta do pijama indicavam que não estava preparada para receber um cliente.

7   — Vou deixar aqui pra você se ajeitar.

8   Apoiou os lençóis dobrados na poltrona na qual costumava se sentar para ouvir meus dilemas e permaneceu de pé.

9   — Não acho que eu vá precisar.

10   — Eu ia mesmo perguntar se você tem dormido direito, mas pelos seus olhos não vi motivo pra ser redundante.

11   Um bom ator pode chorar quando necessário, mas esconder o cansaço no rosto é impossível até mesmo para o maior vencedor de estatuetas.

12   — Desculpa, Laila. Eu não sabia pra onde ir. Pensei em passar a noite no Elias, mas confesso que não tô com paciência pra aguentar mais histerismo religioso.

13   — Você pode vir pra cá sempre que quiser conversar, Fausto. Conseguimos trabalhar alguns temas durante os atendimentos, mas nem todos os problemas são resolvidos no divã. Você fez o certo ao sair correndo da sua casa.

14   Não estava ali para ser analisado, só não tinha sido capaz de imaginar outro lugar para esconder-me da multidão enfurecida que queria meu couro.

15   Acabei percebendo que o que eu tinha de mais próximo de uma amizade verdadeira era uma relação profissional. Com Laila, podia falar sobre tudo; os amigos são para essas coisas. A diferença era que eu tinha um cheque para assinar todo final de mês.

16   — Sei lá qual inferno é pior: o de quando pego no sono ou esse de agora — justifiquei minhas olheiras fundas com o receio de revisitar a morada de Satã em pesadelo.

17   Um bom profissional da área mantinha sempre os cinco sentidos alertas, e meu semblante abatido, comboiado pela voz embargada pelo choro iminente, dava sinais óbvios do meu anseio por palavras que pudessem me tranquilizar.

18   — Com essa história de apocalipse bíblico, a massa religiosa quer pegar alguém pra cristo. — Seu trocadilho não conseguiu alterar meu humor. — E sendo quem você é, dá pra compreender por que os mesmos bitolados que te idolatravam até ontem, hoje queiram te linchar... Ainda mais com o que você está escondendo debaixo desse capuz.

19   Atingido com força pelo juízo de que Laila havia descoberto o que eu tanto me esforçara para ocultar, fracassei na pretensão de ir contra meu reflexo e encarei-a com o espanto de quem é pego no meio de um ato reprovável, confirmando sua suspeita.

20   — Como...?

21   — Só se fala desse assunto por aí, Fausto. E você, vindo aqui assim, a essa hora... Fico lisonjeada por ter me procurado, mas gostaria que tivesse revelado antes o motivo de estar passando por tudo isso.

22   Difícil admitir que eu era a mais nova celebridade midiática fabricada pelos jornais para ser odiada, mas, depois que a apadroada de Santa Dimpna havia abusado de seus poderes indutivos para me despir, sentia-me aliviado sem o peso de não ter com quem conversar a respeito dos galhos que me incomodavam.

23   — Eu tava querendo encobrir esse troço até achar um jeito de resolver. Só que agora virou um pandemônio... Nem posso mais andar pela rua com a cabeça descoberta.

24   — Manifestações físicas de qualquer natureza, por mais estranhas que pareçam, também podem ser frutos de distúrbio emocional. Poderíamos ter conversado melhor sobre isso — explicou à medida que seus pés descalços escorregavam no assoalho em direção ao sofá em que eu estava. — Consigo me

aprofundar mais nesse tema se eu puder analisar a causa dessa comoção toda que a mídia está alardeando.

25 Ciente de que Laila dizia o que pensava por meio de entrelinhas, logo imaginei o que queria. Se a minha tradução do seu olhar estivesse correta, a influência do divã em que ela acabara de se sentar fizera-a cruzar para o lado da insanidade.

26 — Você tá querendo ver? — Quando uma mulher sorria, o *sim* estava implícito, porém havia motivos de sobra para negar aquele pedido. — Já fui expulso de um consultório médico hoje.

27 Entre rumores relativos ao final dos tempos, o mundo tinha se tornado um circo, e a última coisa que eu queria era que minha terapeuta me classificasse como a principal atração de um show de aberrações.

28 — Não será o caso aqui, Fausto. O que quero fazer é te ajudar a decifrar o impulso que gerou toda essa intolerância. Dependendo de como esteja a sua aparência, talvez haja justificativa para os mais religiosos te perseguirem.

29 — Justificativa?! — Por pouco não perdi a compostura. — Eu podia ter sido morto, Laila! Por pura ignorância de quem prefere acreditar no absurdo de que isso na minha testa é coisa do Diabo.

30 — Mas não é a ignorância o principal atributo dos fanáticos? Talvez você não esteja se dando conta de que, antes, o Paraíso era apenas uma promessa especulativa, mas agora, com a figura do arquirrival de Jesus aparecendo em todos os noticiários, ficou evidente aos devotos do catolicismo a existência palpável de um Céu e de um Inferno. Como, para eles, o destino da alma seria um desses dois lugares, os maiores pecadores serão os primeiros a formar um exército de Cristo para justificar seu direito de entrar no Reino de Deus.

31 A envergadura da doutora era evidenciada pelo dom da oratória. Por mais que sua lógica soasse incontestável, contudo, era eu quem vivia os horrores de uma perseguição jacobina.

32   — O que aconteceu com o "amarás ao próximo como a ti mesmo"? — Revoltei-me com o desrespeito da hoste hierática àquele princípio sagrado.

33   — Ninguém ama o inimigo, Fausto. Ainda mais quando ele representa o completo oposto de uma doutrina que cobra uma idolatria cega dos seguidores.

34   — Mas eu compartilho da mesma fé que essas outras pessoas! — A privação de sono reduzira meu grau de paciência, e eu só conseguia exibir contornos de rancor nos meus olhos enfastiados. — Ela pode não ser tão fervorosa quanto deveria pra alguém que interpreta o filho de Deus, mas fui até crismado. Isso é mais que a maioria dos católicos faz.

35   A verdade era que muitos se prostravam durante o culto, convictos de que a dor nos joelhos era penitência suficiente para demonstrar sua adoração, mas eram poucos os que se dispunham a passar da primeira Eucaristia. A confissão obrigatória dos pecados nesse rito religioso devia ser tão traumatizante que nem mesmo o direito de receber a hóstia consagrada na Comunhão estimulava-os a completar todos os Sacramentos.

36   Minha recusa em aceitar as referências teológicas que adquirira ao longo dos anos interpretando Jesus escancarava o tema que mais me preocupava, e eu seria muito ingênuo se pensasse que isso passaria despercebido por Laila.

37   — Você pode não querer acreditar que o aparecimento repentino disso na sua testa tenha relação com crença religiosa, no entanto cabe lembrar que vem acompanhado de pesadelos em que você é convidado pelo próprio Diabo a fazer parte de uma trindade profana. Já discutimos sua negação em relação a isso em outros encontros, mas, pra mim, seria importante vê-los para entender melhor a extensão dessa transferência entre personagens.

38   Seus olhos teimavam em mirar por baixo do meu capuz. Notei um ostensivo desejo por parte dela de ver algo que as pessoas comuns considerariam abominável.

39   Embora não quisesse estar ali na condição de paciente, tinha, sim, a esperança de que ela elucidasse meus conflitos. Ainda que eu estivesse no mesmo sofá dos atendimentos e choramingasse meus problemas como em qualquer outra sessão, ela não cronometrava o tempo no relógio, e seria indelicado da minha parte rejeitar uma troca de gentilezas.

40   Assustá-la com as pontas bizarras que brotaram na minha testa era o que eu menos desejava, entretanto decidi exibir as chagas grotescas que geravam tanta controvérsia.

41   Quando os cornos ficaram expostos, proeminentes como os de um carneiro graúdo e levemente torcidos para trás, percebi no semblante de Laila algo muito contrário ao que eu previa: no lugar do espanto, um curioso fascínio.

42   — São mais bem formados do que eu imaginava. — Aproximou-se com uma das mãos prestes a tocá-los. — Posso...? — Solicitar permissão no meio do caminho era uma maneira de forçar o consentimento. Expressei minha ressalva silenciosa, mas deixei que continuasse por não enxergar alternativa. — É notável a capacidade da mente para materializar um simbolismo desses no corpo.

43   Tateou o molde curvilíneo, maravilhada.

44   — Eu tenho chifres, Laila! "Notável" não é exatamente o adjetivo que os outros pensam quando olham pra mim.

45   — Isso é muito maior do que os religiosos querem fazer parecer, Fausto. — Largou-os, sem deixar de admirá-los. — Antes de a simbologia dos chifres ser deturpada pelo catolicismo, eles estavam ligados à divindade. Um exemplo bem conhecido é a escultura de Moisés que fica na basílica de São Pedro Acorrentado, com seus cornos representando a força de Deus.

46   — Essa obra foi esculpida com base em uma tradução errada do Êxodo, feita do hebraico pro latim. A versão para o grego é mais antiga e diz que o rosto do profeta *resplandecia*, como se Moisés tivesse voltado com uma aparência glorificada após receber os Mandamentos.

47 Por mais que pudesse ter sido um erro de São Jerônimo ao escrever a Vulgata, não fora apenas Michelangelo quem retratara o libertador dos hebreus com essa aparência extravagante. Muitos artistas no decorrer da História também se basearam nesse livro, que reinara absoluto durante quase toda a Idade Média. O fato de ter sido difundido por séculos pela própria Igreja Católica Romana deu margem a diferentes opiniões sobre a imagem polêmica de um dos principais personagens do Velho Testamento.

48 — Há quem diga que foi traduzido dessa maneira para não comprometer a fé cristã entre os helenos — retrucou com a propriedade de uma judia versada no passado do seu povo. — Mas tanto os chifres quanto a resplandecência, ou brilho, são símbolos de sabedoria. Isso assusta a Igreja porque existe uma ligação metafórica relacionando luz com conhecimento. Não é segredo pra ninguém o nome do anjo tido como o portador da luz.

49 Por mais profanos que fossem meus pesadelos, nunca proferira blasfêmia semelhante a que acabara de escutar. Eu sabia muito bem de quem ela estava falando, mas não ousei verbalizar seu nome.

50 — Laila...

51 — Enquanto a Igreja mantiver seus fiéis na ignorância, é fácil controlá-los com conceitos alegóricos de que haverá um castigo para quem não obedecer aos dogmas da religião. Não importa pra eles se você é o Anticristo ou não, Fausto. A questão principal é a ameaça que você representa para uma instituição defasada que não tem cabimento nos dias de hoje.

52 — Mas não sou nenhum filósofo iluminista! — Pelo visto não era à toa que os pensadores europeus do século XVIII usavam o termo "Século das Luzes" para questionarem a ortodoxia religiosa. — Meu trabalho não reduz a influência da Igreja,

pelo contrário. Devo ter convertido mais gente ao cristianismo do que o apóstolo Paulo em toda sua jornada fora da Palestina.

53 — Principalmente nesses últimos dias, que todos estão à procura do Messias. — Foi astuta ao usar meu exemplo para firmar seu ponto. — A verdade é que ninguém sabe quem é a pessoa com a testa armada de chifres que está aparecendo nos noticiários. Isso faz com que você, que ainda é visto como o Nazareno, ganhe seguidores cada vez mais fervorosos. Seus chifres estão arrebatando as almas dos indecisos sem que saibam a quem estão adorando de verdade. Você está exercendo o desejo do seu subconsciente. Não era isso que o Diabo queria que você fizesse?

54 Orgulhava-me de desempenhar o papel de um homem que era visto como a representação das máximas virtudes. Não conseguia — não queria! — acreditar na teoria de que meus desejos recalcados clamavam por um lado demoníaco.

55 A alusão feita por Laila aproximava-me ainda mais daquilo de que eu buscava distância. Quis manifestar meu repúdio de imediato, mas tive o ímpeto travado por um súbito mal-estar.

56 Talvez fosse meu corpo exaurido pelo combate à droga no sangue que me deu a impressão de a sala estar escurecendo de repente. Os lábios da mulher continuavam agredindo os pilares da fé com marteladas vigorosas de heresia, no entanto sua fala desconexa tardava a atingir meus ouvidos.

57 — As ovelhas só seguem um pastor por não saberem que estão indo para o abate. Acreditar em um princípio falso é o início de toda a ignorância. Quem sabe não seja você quem libertará as pessoas desse costume paroquiano sem sentido.

58 Aquele discurso ímpio, que destilava veneno no catecismo, não cabia em sua boca e soava como a fala de um ventríloquo mal-intencionado testando o limite da minha crença.

59 No pouco de controle que ainda mantinha sobre minha sanidade, suspeitei ter me tornado refém de um sintoma fabricado pela superdose de anfetamina, preso ao desvario de um

sonho lúcido que projetava no mundo real o mesmo sermão dos meus pesadelos.

60   Foi quando, na parede atrás de Laila, notei os olhos incandescentes do Tinhoso brilharem no breu, observando-me do canto mais negro da sala. Era como se ele sempre tivesse estado ali, absoluto nas trevas, empesteando a atmosfera com sacrilégio.

61   Ao perceber que eu também o via, esgueirou-se, deslizando pela escuridão. À medida que se libertava da penumbra, a luz que atingia sua silhueta hedionda revelava o contorno profano que herdara como castigo após se rebelar contra Deus.

62   Na iminência de ter o Capeta com seu porte mais grotesco em minha frente, um sussurro inesperado chegou por trás aos meus ouvidos.

63   — Tu sabes que irás pecar esta noite. Não sabes, Fausto?

64   Trêmulo, virei o rosto. Mefisto estava ao meu lado, carregando seu cinismo ordinário na face pintada de branco. Sob a luz, sempre exibia a aparência de um homem das artes prestes a entrar no palco.

65   — Vês como ela anseia pela gratificação do ego por meio da sedução? O calor que exala dos quadris ao sentir a força de quem tu és ao meu lado...

66   Apontou para a terapeuta com os olhos.

67   Mirei o que o Canhoto tanto devorava com as vistas e percebi que o sorriso afrodisíaco de Laila rogava pela minha iniciativa.

68   — Permite-te quebrar a santidade dessa tua mente estéril à luxúria — provocou-me ao notar que eu hesitava. — Inclina-te de uma vez ao pecado e recebe a recompensa pela qual teu corpo suplica. Render-te à natureza da carne entre as pernas dessa judia será uma trilha mais prazerosa rumo ao trono em que te sentarás à minha esquerda.

69   A natureza fora cruel ao fazer da luxúria um pecado dos mais poderosos: o Pai da Mentira falava a verdade ao mencionar a delícia que seria estar abraçado pelas coxas acolhedoras de Laila.

70   Conforme a doutora chegava mais perto, pude sentir as flechadas do seu charme. Sua inteligência parecia toda voltada para os desejos do corpo, pois respondia muito bem à sua libido. Com um movimento meigo dos dedos, afastou os cabelos da frente do rosto, possibilitando que eu lesse melhor os seus sinais. Armada de uma beleza balzaquiana encantadora, aquele olhar devasso seria suficiente para que o mais temente vigário abandonasse o celibato.

71   Todos os instintos humanos levavam-nos ao pecado. A base da minha fortaleza, erguida pela suposta virtude da castidade, tremeu quando me deparei com seus enrijecidos mamilos, que imploravam para ser notados por baixo da blusa. Laila já estava a centímetros da minha boca quando encostou em mim o seu seio macio.

72   — A alegoria do que é satânico e proibido está relacionada à libertação dos dogmas que foram impostos pela Igreja — disse ela ao acariciar um dos meus chifres. — Quando você aceitar que não existe um mundo espiritual de onde uma criatura onipotente controla nosso destino, vai ficar mais claro que o seu subconsciente só decidiu representar os símbolos que se tornaram de senso comum.

73   Quis gritar que estava errada. Não discordava da lamentável verdade de que a Igreja prosperava com a hipocrisia, mas a presunção de não crer na existência de Deus tampouco permitiria a existência do Diabo, que estava ali e induzia-me a pegar a mulher pelos braços e a esbaldar-me na libertinagem.

74   Mefisto era invisível aos olhos da minha terapeuta, tapados pela descrença. Se eu me pusesse a discutir contra o Rei do Inferno, seria visto apenas como um esquizofrênico falando sozinho.

75   De volta às sombras, Satã encarava-me com seus lumes flamejantes. A única maneira de escapar deles seria acompanhado do pecado. Com o falo aprumado, não cometeria o deslize de pecar pela preguiça. Se eu realmente estivesse destinado ao

fogo, que meu percurso fosse, ao menos, pela transgressão mais pornográfica.

76 Encontrei os lábios de Laila, como ela tanto parecia querer. Sua pele cheirosa não carecia da artificialidade do perfume, pois o aroma natural que se desprendia do seu corpo era suficiente para regar meu imaginário com ideias depravadas que envergonhariam o discípulo mais promíscuo do Marquês de Sade.

77 Abandonamos a área reservada ao tratamento dos alienados para ingressar na intimidade da casa. O caminho até o quarto foi entre beijos ardorosos e carícias atrevidas. À medida que eu conquistava os cômodos daquele lar com a minha loucura, meus dedos embrenhavam-se cada vez mais em sua bermuda. Seus suspiros imploravam para que eu avançasse conforme ela me despia sem parar de mexer o quadril.

78 Já estávamos nus quando a joguei na cama.

79 Unidos na alcova dos prazeres, o delírio parecia fazer parte da estranha atmosfera. Não havia romance no vaivém dos nossos corpos, muito menos poesia no encontro das cinturas. Na ânsia por mergulhar meu invasor nas profundezas do deleite, nem sequer nos incomodamos em acender uma luminária.

80 A escuridão era o lençol que nos cobria, e nela conseguia sentir a presença do Demônio gargalhando. Meu foco no bom desempenho como objeto sexual ocupava os cinco sentidos, mas o sexto dizia-me que se agigantava nas sombras, por trás de mim, a tétrica silhueta cavicórnea do Anjo Mau.

81 Sua companhia profana naquele ato de luxúria trouxe consigo uma sinfonia satânica que só eu podia ouvir. As vozes dissonantes das almas que queimavam no Tártaro chamavam-me pelo nome, clamando para que eu tomasse meu lugar.

82 Na ópera do absurdo, encarnei o barítono dramático ao ter minhas costas arranhadas por Laila. A ardência na pele rasgada por suas unhas vindicava uma resposta à altura, e, vendo a delicadeza de seu colo desnudo, minhas mãos atrevidas alcançaram seu pescoço delgado.

83 Surpreendida, o gostoso aperto repentino no calor úmido entre suas pernas indicou que o perigo a deixava mais excitada. Seu arquejo erótico envolveu-me na certeza de que o fetiche inesperado podia ser levado adiante.

84 Tomado pela aproximação do orgasmo, segurei sua garganta com mais vontade e acelerei o ritmo da pélvis. Inebriado pela promessa do gozo e respaldado por seus gemidos ensandecidos, não contive a força nos dedos. De olhos fechados, esperando o ápice, não percebi que ela buscava o ar que lhe era negado. Seus golpes no meu dorso perdiam a resistência a cada nova batida, e as pernas — incapazes de expulsarem meu membro ancorado em sua caverna acolhedora — assumiam a derrota.

85 Compenetrado na mecânica egoísta da autossatisfação, senti correr o poder do próprio Diabo no meu abrigo de ossos. No que deveria ser o incorruptível templo do Espírito Santo — de acordo com 1 Coríntios —, o terceiro ao lado de Deus Pai e de Deus Filho perdia seu lugar. Carente do verdadeiro dom divino necessário para exorcizar a Legião do meu corpo — como Jesus fizera com o geraseno após cruzar o Mar da Galileia —, sucumbi ao seu sórdido controle, manifestado em mim por meio do abuso, rápido e violento.

86 Ao passo que Laila desfalecia, intensificava-se em meus ouvidos o devastador tinido sideral que eu bem reconhecia. O estrondo fragoroso que rompeu o infinito celeste naquela noite caótica trouxe a tiracolo um novo abalo colossal.

87 As paredes do quarto ganhavam estrias e do teto chovia rejunte no leito de fornicação. Ainda assim, o impulso sexual desregrado prevalecia frente ao instinto da autopreservação: não pararia até que esconjurasse por completo minha luxúria.

88 Empreguei no movimento impetuoso do quadril uma dose extra de entusiasmo e soltei, enfim, um triunfante urro gutural sobre a mulher desacordada, embaralhando minha expressão máxima de prazer ao brado furioso do universo.

FST 16-22

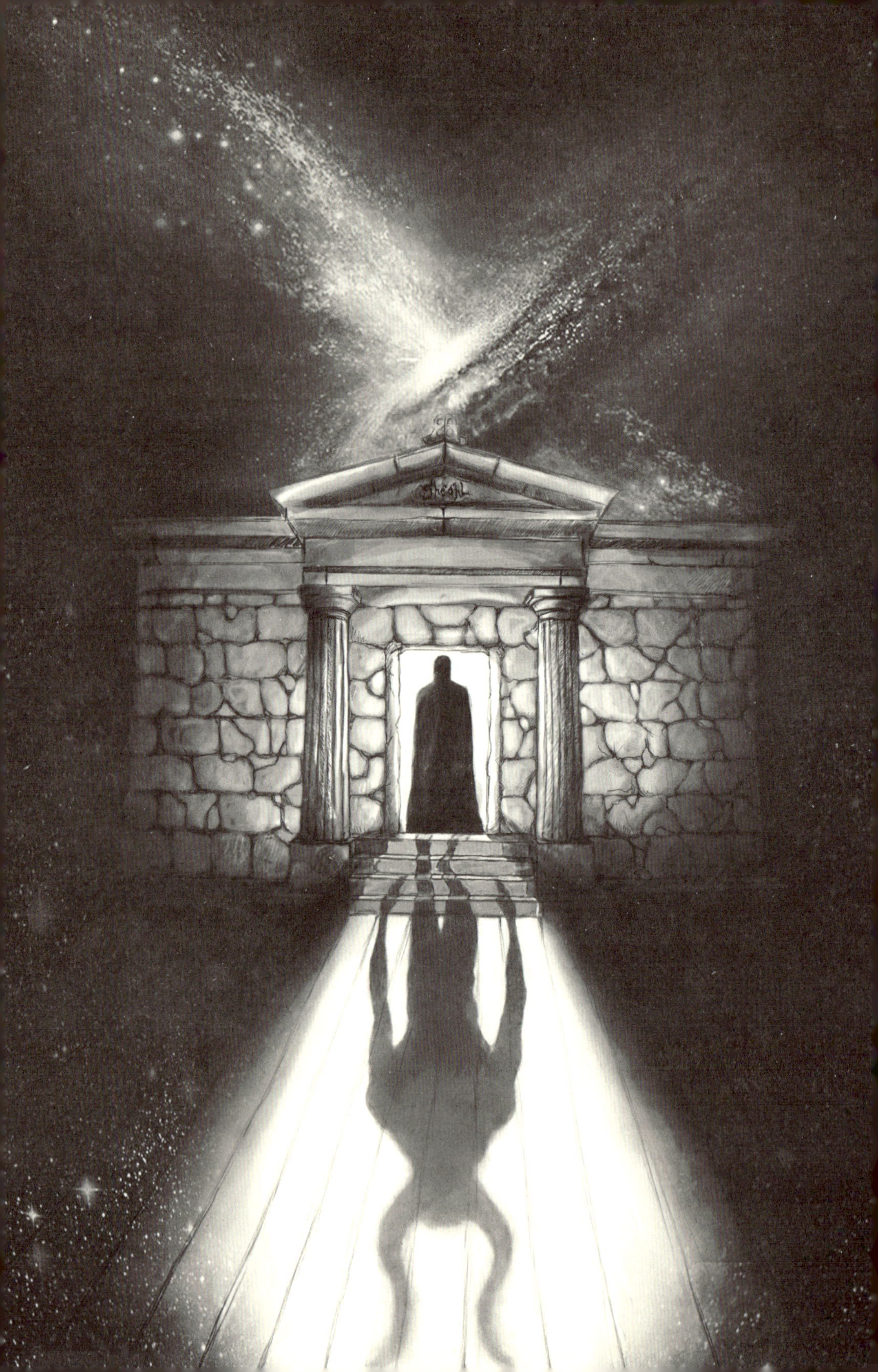

A Face do Abismo

Persistia na arena do pesadelo a completa escuridão. Nenhum som violava a hegemonia do silêncio e apenas a ausência ocupava os espaços. A vastidão daquele palco vazio lembrava o princípio dos tempos, quando o nada era tudo que existia.

Até que se fez a luz. Não a da divina faísca da Criação, mas a de um tímido holofote que abria pouco a pouco seu rastro cristalino nas trevas. O traço solitário cortou a penumbra do anfiteatro, iluminando a poeira no ar como se o cosmos virgem estivesse ganhando suas primeiras estrelas cintilantes.

Na alegoria teatral da aurora do Universo, o feixe alumiado, por fim, revelou o dantesco mausoléu erguido em pedra no meio do tablado. Tocado pelo foco reluzente, o *She'óhl* reinava absoluto no cenário deserto, atraindo para si toda a atenção.

Entre os pilares da sua entrada, rugiram as dobradiças do imponente portão infernal. As labaredas do Abismo refletiam sua dança na atmosfera soturna, jogando sobre o chão a sombra chifruda do Cabeça de Bode subindo as escadas.

Ao cruzar o umbral de saída, Mefisto caminhou na direção de onde estaria o grande público. Ainda que as cadeiras estivessem vazias, mirou-as como um protagonista em seu monólogo principal, pois sabia que a presença invisível de Fausto lotava a casa em espírito.

Inerte à beira do palco, com um sorriso diabólico ofereceu a mão à plateia sem proferir qualquer verso e, pacientemente, aguardou.

23.

1 Um ruído vibratório ao lado do meu ouvido fez com que meus olhos se descortinassem sem pressa. Pareciam não querer perder os preciosos minutos de sono, tão raros nos últimos dias. Se o sofá de Laila já era confortável, sua cama, então, era o nirvana para um dorso cansado.

2 Voltaria aos prazeres do ócio matinal, não fosse a inconveniente persistência do celular retinindo em meus tímpanos. Sentei-me para ver quem era. No aparelho sobre a mesa de cabeceira, mais de trinta chamadas não atendidas alardeavam a aparente urgência do meu agente em me encontrar.

3 A chamada foi encerrada antes que conseguisse atendê-la. Quando tentei retorná-la, a bateria pagou o preço por não ter dormido na tomada.

4 — Desde que me levantei, isso daí não para de fazer barulho. — A voz rouca e fraca de Laila carregava um desânimo que atribuí ao provável mau humor matutino.

5 — Deve ter acontecido algo com o Elias. Pode me emprestar o carregador? — A estranha ausência de resposta me fez encontrar a mulher sentada de costas para mim, no outro lado do colchão. Parecia retraída, com os braços recolhidos à frente do corpo. — Laila?

6 — Acho melhor você ir embora, Fausto.

7 Foi minha vez de ficar em silêncio. Rastreei mentalmente seu passado amoroso e certifiquei-me de que estava solteira.

Se não havia culpa pela noite que passáramos juntos, o motivo de querer afastar-me podia ser meu desempenho medíocre.

8 — Tá... Se você quiser, eu vou. — Acatei, constrangido, ainda que não entendesse o comportamento arredio. — Posso só fazer essa ligação?

9 — Melhor ir agora.

10 A rispidez no pedido veio escoltada por uma mágoa no olhar. Percebi algo estranho ao vê-la virar o pescoço, mas o rosto escondido por trás dos cabelos despenteados não me permitiu decifrar o que era.

11 — Tá tudo bem? — Minha preocupação genuína recebeu o desdém de uma risada nervosa e de um aceno descrente de cabeça que me deixou irritado. — A gente pode, ao menos, conversar sobre o que tá rolando? Porque se aconteceu alguma coisa, eu não tô sabendo.

12 — Sua desculpa é fingir que não fez nada? — retrucou sem me encarar.

13 — Fingir que não fiz o quê, Laila? — Não precisou responder com palavras. Girou impetuosamente o tronco e exibiu os ombros, agredindo-me com a visão acusatória dos hematomas na altura da sua garganta. Pelo rancor manifestado no seu semblante, não restavam dúvidas de que tinha sido eu o causador daquelas marcas. — Eu não... não lembro de ter...

14 Aproximei a mão de sua pele arroxeada, e ela a repeliu de imediato.

15 — Não encosta o dedo em mim!

16 — Desculpa... Juro que não lembro de ter feito isso. Na minha cabeça você tava...

17 — Eu estava o quê, Fausto? Gostando de ser sufocada?! De ficar desacordada pra que você fizesse o que bem entendesse com o meu corpo?!

18 — Não! — Fiz questão de me defender, mesmo sem saber do quê. — Devo ter delirado. Só pode ser isso. Nunca curti esse tipo de coisa.

19 Laila conhecia bem as páginas do meu diário. Nas inúmeras confidências em seu consultório, eu jamais dera relatos de culto fetichista, muito pelo contrário. Quando me preparava para encenar um espetáculo, buscava virtudes que não eram minhas. Ela sabia que minha abstinência dos prazeres carnais era prolongada devido à castidade do meu personagem. A carência de aventuras depravadas deveria pesar a meu favor.

20 Só que havia uma diferença gritante entre sentar-me no divã da terapeuta e deitar-me em sua cama. Era evidente que, no papel de amante, ela não estava ali para resolver os meus problemas ou tolerar comportamentos abusivos.

21 — Eu tava sem dormir há dias na base de remédio... — Culpei as noites em claro pelo ato reprovável do qual não me recordava e, com o choro atravancando a fala, desabafei: — Sinto que tô perdendo o controle de tudo que tá acontecendo. Você precisa me ajudar.

22 — Sou psicóloga, Fausto. Falta de caráter não é algo que eu consiga tratar. Só quero que saia da minha casa.

23 — Laila...

24 — Agora! Ou vou gritar bem alto que você tá aqui.

25 Das ameaças que poderia fazer, aquela fora a mais baixa. Se chamasse a polícia e revelasse a agressão ainda fresca no pescoço, teria a obrigação de responder pela conduta antiética de ter dormido com um paciente. Por aparente receio de cair em descrédito, preferia jogar-me nas mãos dos justiceiros de Cristo para ser apedrejado.

26 Queria tentar me explicar, mas de nada serviria recitar desculpas para ouvidos surdos ao perdão. A alternativa que me fora dada era a de partir com o sentimento de culpa por algo que jamais seria capaz de fazer em sã consciência.

24.

1   Com os chifres devidamente agasalhados, percorria a pé o trajeto para casa pelo cimento trincado das calçadas. A caótica paisagem de entulho e vidros estilhaçados indicava que ter sufocado minha terapeuta não era a única lembrança que me escapava.

2   Aqueles eram vestígios de que um novo terremoto havia chacoalhado os alicerces durante a madrugada. Pela conta dos que acreditavam no apocalipse bíblico, o quinto anjo soara sua trombeta.

3   O mundo podia estar à beira da extinção, mas eu só conseguia pensar na alegoria religiosa da minha noite com Laila pela ótica de um afamado discurso de São João Crisóstomo, que fora reconhecido pelo papa Vigílio como um dos mais importantes patronos do cristianismo primitivo.

4   Em um de seus sermões, o então arcebispo de Constantinopla denunciara a vinda do Anticristo pelo ventre de uma judia. Se o Falso Profeta da Tríade Profana era o equivalente herético do Espírito Santo, esse era um presságio inquietante. Eu podia ter protagonizado a versão contrária da anunciação descrita no Evangelho de São Lucas, pois enquanto o terceiro na Santíssima Trindade descera sobre uma virgem para fazê-la conceber o Filho do Altíssimo, eu sentira a sombra do Diabo encobrir-me durante o ato sexual.

5   Caso a missão para a qual Satã me assediava fosse a de anunciar a vinda do arquirrival de Jesus, um da Vinci diabólico imortalizaria a noite anterior em óleo sobre painel para ser exposta em alguma galeria de apologia ao profano. Versos infernais seriam escritos por poetas endiabrados, enaltecendo-me na bibliografia satânica, pois, assim como o arcanjo Gabriel seduzira Maria com a promessa de um milagre, meus chifres seduziram Laila com seu suposto símbolo de sabedoria.

6   Meu raciocínio foi interrompido pela procissão inesperada que avistei ao dobrar a esquina. Católicos desesperados agarravam-se à fé de que cartazes com palavras de louvor fariam seu rogo perfurar as nuvens para chegar aos Céus.

7   Entre as chamas que derretiam os círios e a música sacra típica das cartilhas de igrejas, um rosto que eu bem conhecia estampava a principal imagem santificada: o meu.

8   Padres, sacerdotes e fieis disputavam a honra de conduzir o quadro conforme embalavam sua agonia com cânticos de aclamação que jamais seriam ouvidos por Deus. Todos queriam manter as mãos próximas da figura do Messias, na esperança de que a salvação pudesse ser alcançada pelo tato.

9   Dobrei o pescoço e afundei mais o rosto no meu manto da invisibilidade. Caminhei na direção contrária, esgueirando olhares apreensivos para o cortejo à medida que o cruzava pela lateral.

10   Entre as placas que imploravam uma nova remissão dos pecados dos homens, uma mensagem quase fez com que eu estragasse o disfarce: "O Falso Profeta está entre nós!".

25.

¹ Com as solas dos pés cobertas de bolhas ardidas decorrentes das longas horas de caminhada, ainda tive de me camuflar entre as paredes vizinhas às do meu prédio devido ao risco de encontrar alguma sentinela de Cristo.

² Encarnei algum discípulo de Jó e fiz de sua paciência meu pilar. Se ele não pecara com os lábios, negando-se a praguejar contra o Senhor mesmo após Satanás tê-lo ferido com tumores malignos por todo o corpo e matado seus filhos, suportar mais alguns minutos de vigília sobre meus calos doloridos não constituiria um esforço digno de outra pintura de William Blake.

³ Minha maior aflição não era a dor lancinante nas pernas cansadas, mas a ânsia por saber o que Elias tanto queria me dizer.

⁴ Certo de não haver no caminho nenhum fanático fazendo o formato da cruz com dois canos de ferro prontos para arrancar meus chifres de modo não carinhoso, restava apenas driblar o porteiro. Desejava que os anos de bom relacionamento fossem suficientes para imunizá-lo contra o vírus da intolerância, porém o olhar cismado que eu notara em nossa última interação dava indícios do contrário.

⁵ Esperei que sua atenção estivesse nas folhas de uma árvore em frente ao prédio, corroídas por gafanhotos que possivelmente migraram após o tremor, e consegui alcançar o elevador sem ser visto.

6 Ao chegar ao meu andar, avistei minha porta escancarada. Temendo a presença de alguém com más intenções, tirei o peso das pegadas e entrei no apartamento. Quando estiquei o pescoço por trás da parede que separava o cômodo principal dos demais, inspirei o alívio de estar sozinho.

7 Minha integridade física estava garantida, mas o mesmo não podia ser dito a respeito dos móveis. Os arruaceiros transformaram minha sala no cenário de uma pintura cubista que nem Picasso entenderia: a louça quebrada no piso mesclava-se aos cacos coloridos dos vasos; a espuma do sofá sangrava através do tecido perfurado pelas molas; os quadros foram ao chão e as paredes ganharam as tintas de palavras obscenas e ameaças de morte.

8 Antes de pensar se colocar a casa em ordem valeria o esforço, tinha de rezar para que Elias trouxesse boas notícias. Pluguei o celular no fio ao lado da cama, sentei-me e esperei que respondesse à minha chamada.

9 — Onde você tava, Fausto?! Tô te ligando desde ontem depois do terremoto.

10 — Não dormi em casa. Consegui carregar a bateria só agora.

11 — Tá acompanhando as notícias? As trombetas estão tocando num intervalo de tempo cada vez menor. Falaram que a sexta pode soar ainda hoje. Se isso acontecer, a sétima pode vir a qualquer instante.

12 — Fala que não me ligou só pra enunciar uma profecia bíblica, Elias. Por favor.

13 Tirei o capuz para o cabelo suado respirar e apoiei a mão na testa, desgostoso. O que eu menos precisava era ouvir lamentos de um carola desesperado.

14 — Não. Liguei pra falar que consegui o palco que você me pediu.

15 Meus olhos arregalaram-se para abrir espaço às pupilas dilatadas pela repentina euforia. Mal podia acreditar que uma flor desabrochava no deserto de acontecimentos dos últimos dias.

FST
23-27

16 — Repete.

17 — Consegui, Fausto! Depois desse último terremoto, todas as paróquias que eu tinha ido atrás aceitaram doar parte do dízimo pra custear a produção. Só tem um porém...

18 Cada segundo da sua pausa dramática esfaqueava-me o coração uma centena de vezes. Ansioso, rosnei para que encerrasse o suspense:

19 — Diz logo, Elias!

20 — A encenação precisa ser feita hoje de tarde. Foi a condição da diocese pra convencer as igrejas.

21 — Só falar a hora e eu tô lá. O quanto antes eu me livrar disso, melhor.

22 — Tem que começar perto das três. Chega uma meia hora antes que vou deixar tudo pronto. Eu levo o figurino.

23 — Por mim, pode ser só a coroa de espinhos. — Soltei um riso aflito, alcançando um dos cornos; sabia que precisaria escondê-los. Abraçado à perspectiva de que muito em breve os chifres cairiam com a mesma fugacidade improvável com que surgiram, não contive a voz alagada pelo pranto da glória: — Você não tem noção de como eu tô agradecido, Elias. Isso vai ser a minha salvação.

24 — Espero que seja a de todo mundo. — Suas palavras soaram nervosas e foram seguidas de um estranho silêncio. — Essa era a má notícia. Quer saber qual é a boa?

25 — Fala.

26 — Adivinha qual é o palco.

26.

1 Deixei a estação do metrô do Anhangabaú com a certeza de que minha sorte tinha virado. Santo Onofre — o patrono da fortuna — aparentemente derramara sua bênção sobre minha malograda situação.

2 A pouco menos de trezentos metros de onde estava, avistei toda a exuberância do grandioso Theatro Municipal, cuja estrutura secular permanecia ilesa.

3 Minha satisfação ao encarar a emblemática casa de espetáculos onde encenaria o último ato da *Paixão de Cristo* diminuiu com a visão de seus devastados arredores. A poeira levantada pela queda dos edifícios Martinelli e Altino Arantes ainda cobria o horizonte do centro com um fosco traço cinzento.

4 Cercados por fitas zebradas e cones que interditavam o acesso aos destroços, bombeiros empenhavam-se dia e noite no resgate das incontáveis vítimas soterradas. Cada criança encontrada com vida debaixo dos escombros dava novo fôlego às buscas, sob a espreita de uma imprensa carniceira que mantinha um olho na tragédia e o outro na audiência.

5 Senti como se caminhasse em uma terra de ninguém. Enquanto à minha esquerda vislumbrava a salvação do meu espírito e o palco dos meus sonhos, à direita estavam as ruínas do mundo físico e os presságios dos meus pesadelos.

27.

¹ Os atlantes de arenito em seu eterno fado de sustentar o peso da *Música* e do *Drama* recepcionaram-me na entrada do prédio. No suntuoso saguão, subi pelo tapete vermelho aveludado da escadaria central de mármore italiano e cruzei as cortinas do umbral adornado com colunas antropomorfas.

² Na sala de concertos, fui surpreendido pela presença de um público considerável, que aguardava o espetáculo sentado na plateia. Os mais de mil e quinhentos lugares não estavam todos preenchidos, mas era casa cheia. Pela dedicação que muitos despendiam às rezas do terço, faziam parte das paróquias que financiaram a montagem da peça.

³ Aqueles que não liam a Bíblia ou oravam em silêncio observavam a construção do cenário. Elias estava na ponta do corredor, próximo ao palco, direcionando os últimos ajustes da cenografia.

⁴ Ao aproximar-me, notei que faltava esmero na decoração. A ausência de objetos cênicos representando a paisagem do Calvário indicava a inexperiência de uma equipe que se apoiava no minimalismo para mascarar seu despreparo. Apenas a enorme cruz de madeira deitada no tablado era digna de elogios.

⁵ — Cenário meio simples pra esse tanto de gente na plateia — disse, chamando a atenção do meu agente, que se virou para mim de sobressalto.

6 — É... Só deu tempo de fazer a cruz. — Alternou olhares titubeantes entre meu rosto e o gorro do casaco em minha cabeça, decerto por estranhar o uso do capuz. — Mas não tem problema. Eles vieram por você.

7 O cronograma para organizar uma apresentação nos moldes daquelas com as quais eu estava acostumado exigia meses, além de um diretor e uma equipe. As poucas horas que tiveram justificavam o improviso. O importante era que eu estava pronto e que faria a melhor interpretação da minha vida.

8 O comportamento de Elias, mais inquieto do que eu me acostumara a vê-lo, trouxe-me a suspeita de que algo estivesse errado. Sua aparente ansiedade tinha ares de remorso, mas concluí que devia ser a insegurança, pois não era da alçada de um agente produzir espetáculos.

9 Não me incomodavam os poréns. Hipnotizado pelo busto do grande Carlos Gomes, eternizado sobre o palco em que eu ansiava pisar desde que me reconhecera como ator, meus ouvidos inebriavam-se com a ópera *O guarani*, tangida por minha orquestra mental. Mal podia acreditar que estava prestes a ter a mesma honra de outros artistas que tanto admirava.

10 — Como você...? — Extasiado, nem sequer consegui completar a pergunta; minha devoção estava na beleza do lustre de cristal que iluminava meu semblante radiante.

11 — O Municipal? É perto da zona interditada. Pouca gente tá vindo pro centro por causa da queda dos prédios. Cancelaram toda a programação dos próximos dias e, quando expliquei a sua ideia de fazer o ato que foi interrompido lá em Pernambuco, viram que a simbologia era importante pra acalmar os mais aflitos.

12 — Depois de hoje, posso morrer tranquilo. Já vou ter me apresentado no Municipal. — A piada teve um tom de desa-

bafo tão aparente que não serviu para fazer Elias arquear os lábios nem por educação. — Arranjou a coroa?

13 — A coroa de espinhos? Lógico. Tá lá no camarim.

14 Apontou para que eu tomasse sua frente e ficou de lado, cedendo espaço. Segui sua indicação, confiante de que daria um fim ao meu tormento.

15 — Vou lá me aprontar.

16 Tão logo o ultrapassei, senti o gorro raspando nos cabelos ao ser puxado para trás de modo traiçoeiro, e foram revelados os chifres.

17 — É ele! É ele! — Elias berrou mais alto que o som do órgão na lateral do palco em dia de concerto. — Não falei?! Eu sabia que era ele!

18 — Que porra você tá fazendo?!

19 Minhas mãos esconderam os cornos de imediato, querendo evitar que outros também os enxergassem. Percebi que o esforço fora em vão quando dois homens, mais fortes do que eu, prenderam-me pelos braços. A multidão presente no auditório começou a levantar-se juntamente com o volume de suas vozes entoando salmos.

20 À frente dos beatos embriagados por intenções nada fraternas, Elias exibia a postura de um homem canonizado por vontade própria.

21 — Quando reconheci a sua janela, entendi qual era minha parte no plano de Deus para derrotar o Anticristo e lançá-lo de uma vez no lago de fogo e enxofre.

22 Vi-o encarar minha testa com o distinto ódio de um cristão frente ao sinal da Besta.

23 — O que você tá pensando em fazer?! Me solta!

24 — Depois que o nosso arcebispo concordou que o sacrifício era o caminho para interromper o Apocalipse, tive certeza do

porquê o Senhor havia me colocado na sua vida. Foi Ele quem me apontou a sua janela pela televisão, pois sabia que eu tinha a virtude de reconhecê-la.

25 Meu agente também assistira ao maldito debate e, sendo uma fiel ovelha de um rebanho que não sabia pensar por si, encarara a discussão hipotética como mandamento sagrado.

26 A julgar pela expressão implacável de um maníaco que se considerava tocado pela graça divina, percebi que ele estava determinado a executar um ato condenável em nome da crença.

27 — Não faz isso, Elias. Tô te implorando. Me deixa encenar a Ressurreição, é tudo que eu peço!

28 Encontrei resquícios de arrependimento no seu silêncio. Devia existir uma sobra de humanidade sepultada em toda a lavagem cerebral religiosa à espera de que a mão do bom senso a puxasse para fora, entretanto, assim que olhou o relógio no pulso, seu conflito pareceu encoberto pelo manto da credulidade.

29 Como no julgamento de Jesus, Elias repetiu uma sentença semelhante à que fora proferida por Pilatos no Sinédrio:

30 — Sob o arbítrio de Deus, eu te julgo e condeno, Fausto.

31 Após um leve meneio de cabeça seu, os rapazes que me seguravam começaram a me arrastar para o palco.

32 — Não... Não! Para! Elias! Eu sei como resolver isso. Não é assim! Vocês estão fazendo exatamente o que o Diabo quer que façam.

33 — Viram como ele fala pelo Diabo?! — Deu-me as costas, virando-se à plateia, e encarnou um pregador orgulhoso. — O Demônio enviou o seu filho na aparência de Cristo para que o adorássemos como nosso verdadeiro Messias! Mas não seremos enganados pelas mentiras de Satanás, pois Jesus está chegando para seu reinado de mil anos, e nós não iremos idolatrar a Besta, qualquer que seja a sua imagem! Estamos aqui

para entregar a Deus o que Ele deseja, pois somos apenas ferramentas nas mãos do nosso Senhor!

34 Lutava como podia para me desgarrar daquela prisão de braços. Dificultei a subida pela escada com meu esperneio, mas um soco no estômago bastou para que minhas pernas se recolhessem.

35 Percorri a Via-sacra em direção à cruz sendo alvejado pelos punhos do martírio. Fui empurrado aos chutes por homens que se diziam fiéis ao amor de Cristo e escarrado pelos lábios de mulheres que rezavam o terço. O sangue que vertia do meu nariz quebrado juntava-se ao gosto amargo na boca, cujos dentes foram trincados pela mão fechada dos justos. Mal podia ver de onde vinham os golpes, pois a retina deslocada nos olhos inchados enxergava apenas as sombras daqueles que me agrediam por vontade divina.

36 Já estava sem forças para me manter de pé quando rasgaram minhas roupas e me deitaram sobre o mesmo instrumento de tortura reservado aos condenados na Roma Antiga. Senti esticarem meus braços, mas só identifiquei o pontiagudo pino de ferro na minha palma aberta no instante em que estava prestes a atravessar minha carne.

37 Assim que retiniu, agudo, o encontro do martelo com o cravo de metal, minha voz juntou-se ao coral da plateia. Meu vigor esvaeceu com a mesma rapidez do brado que ecoou minha dor. Ao recuperar o fôlego, coloquei um novo grito no mundo ao sentir as chagas na pele da outra mão.

38 Faltou-me alento para reagir quando senti entrelaçarem meus pés. Um calafrio percorreu minha espinha no momento em que as falanges se afastaram com o diâmetro do prego perfurando as artérias, e uma vertigem cercada de náusea fez tudo girar ao me redor. As repetidas marteladas estilhaçavam o metatarso de ambos os membros, pregando-os à viga de madeira.

39   A fraqueza física e o violento abatimento moral causado pelo medo profundo e pela angústia inominável fizeram meu sangue escorrer pelos poros e tingir minha pele com o suor encarnado.

40   Os algozes plantaram a cruz no palco do meu Calvário pessoal. Se as estacas de ferro não tivessem me prendido, eu tombaria na enorme poça da minha seiva avermelhada com a mesma velocidade com que o Anjo Caído despencara até o Inferno ao perder as asas.

41   O cântico hipnótico de clamor uníssono que reverberava na acústica perfeita do Municipal pregava o perdão, mas o egoísmo dos fiéis que temiam perder a vida impedia-os de enxergar a ironia: rogavam pela mesma misericórdia que me fora negada e confiavam que sua falta de clemência seria o caminho para a redenção.

42   Em um esforço derradeiro, ergui as pálpebras até o limite imposto pelos traumas e levantei o pescoço a fim de ver a multidão de desapiedados. Entre os vários vultos com as mãos para o céu, reconheci uma estranha figura que começava a ganhar forma sob minhas vistas embaçadas. Em destaque no centro da minha mira estava Mefisto, sorridente, exibindo sua fisionomia presunçosa.

43   Fugi do seu olhar penetrante, porque despertava em mim uma ânsia vingativa que senti vontade de abraçar. Meu ódio foi o rebento do flagelo, e faltava pouco para nutrir a raiva, que adolescia. Queria deitar minhas lágrimas, porém não era sequer capaz de suspirar sem embarcar na agonia de novas dores.

44   Foi quando Elias chegou ao meu lado, transpirando a arbitrariedade de um tirano cego por suas convicções passionais. Anos de relacionamento amigável foram apagados pela aberração que havia brotado na minha testa.

45   Um dos rapazes no palco — que aparentemente exercia a função de produzir os objetos da peça — entregou um longo

cabo de madeira ao meu agente. A lâmina de uma faca encravada em sua ponta completava a lança improvisada.

46 — Você é o nosso tributo de reparação, Fausto. Se o Filho de Deus morreu por nossos pecados no passado, é o filho de Lúcifer quem precisa morrer agora para conseguirmos a salvação.

47 — Elias... eu te imploro... — balbuciei, mendigando piedade.

48 Ele fugia a todo custo, mas, quando nossos olhos se cruzaram, enxerguei a semente da compaixão soterrada naquele lodo de intolerância. Meu semblante abatido escavava de braçadas a lama de sua degradação moral, buscando germinar a clemência que poria fim ao meu martírio.

49 Pude sentir que Elias, enfim, condoía-se do meu sofrimento. Eu só precisava de mais tempo para lembrá-lo de que a benevolência era uma virtude nobre dos cristãos. Se tivesse fôlego, recitaria o capítulo 5 de Mateus, que afirmava serem bem-aventurados os misericordiosos.

50 Estava prestes a acessar sua empatia quando o alarme estridente do seu relógio de pulso roubou-o do meu olhar pesaroso, indicando a chegada das três da tarde.

51 Rompeu-se nosso vínculo dramático, e voltou a reinar a simbologia do sacrifício. A hora nona do calendário judeu impôs sua relevância bíblica à minha sorte, e pressenti o que estava por vir assim que percebi o homem manobrar a lança.

52 — Escutei os sinais de Deus e só estou cumprindo o que Ele me ordenou. — Atribuiu covardemente a responsabilidade do homicídio ao Criador e perfurou-me com violência no lado esquerdo do tórax até que a ponta anavalhada de metal encontrasse meu coração.

53 A rouquidão do grito que irrompeu da minha garganta e misturou-se à saliva grossa escorrida pelos cantos da boca não fez jus ao verdadeiro tom da minha dor. A lâmina foi sacada

do meu peito, e o sangue que jorrava do flanco rasgado levava consigo meu sopro. A dificuldade de alimentar os pulmões queimava como veneno.

54 Minhas melhores atuações na *Paixão de Cristo* — por mais que me empenhasse de corpo e alma — foram um escárnio frente à real aflição de Jesus em seus últimos momentos na cruz, exausto e humilhado.

55 Elias desempenhara a função de Pôncio em meu julgamento e a do centurião Longino em minha execução. A frieza que eu sentia na pele descorada era o sintoma veraz de que meu encontro com a megera da foice estava agendado sem direito de anulação.

56 Restando aos meus carrascos apenas aguardarem até que sua oferenda fosse aceita, fui sendo abandonado no centro do tablado para que acompanhassem meu suspiro final da plateia.

57 Na iminência da morte, uma descarga de adrenalina alimentou os músculos do meu pescoço, e senti como se o peso do mundo estivesse sobre meus ombros enquanto buscava hosana nas alturas. Aguardei pelas ofuscantes luzes brancas do afamado túnel que guiava ao Paraíso, mas à minha alma sofredora despedindo-se da carne não foi dada permissão para cruzar os portões celestiais. O único clarão vinha do holofote que iluminava meu sofrimento. Escancarando a ausência arrogante da entidade celebrada por ser onipresente, o que me encarava era o olhar inerte dos anjos pintados em torno do grande candelabro central no teto do teatro.

58 — Por que... me abandonaste? — murmurei, vertendo mágoa na forma de choro.

59 Eu não merecia essa renúncia do Todo-Poderoso após uma vida inteira dedicada a promover Suas palavras. Apesar de não ser um católico que dobrava os joelhos todo domingo, minha devoção refletia-se nas encenações como o Nazareno.

60   A afirmação dos criacionistas de que fôramos feitos à imagem e semelhança do Altíssimo a partir de argila sempre me fizera atribuir nossa burrice ao excesso de barro que ficara entre os neurônios. Jamais imaginara que os nossos erros de interpretação também eram reflexo da divindade. Um ator que representa o Messias em peças artísticas nunca deveria ser confundido por Ele com o Anticristo ou com o Falso Profeta que se ergueria nos dias de agonia.

61   Ressentido, baixei o rosto em pranto e encontrei Mefisto sob meus pés ensanguentados. O consolo que me fora negado por Deus era oferecido em abundância por seus olhos amistosos, que prometiam encerrar o calvário. O Diabo sempre estivera comigo e, agora, no meu pior momento, permanecia ao meu lado.

62   Impregnado pela revolta de estar crucificado em frente a uma plateia de dissimulados que ostentavam generosidade com palavras vazias, crescia em mim o desejo irrefreável de vê-los padecer por seus atos desprezíveis. A profecia satânica acerca do fim do mundo aguardava apenas que eu aceitasse o convite da Serpente para se cumprir.

63   Se a punição decretada pelo Criador era que minha alma queimasse eternamente nos rios de lava do Inferno, poder sentar-me no trono ao lado de Satã não me parecia mais tão ruim.

64   Abandonei, enfim, a fraqueza comum aos infaustos que acolhem seu papel de vítima e assumi o ódio latejante que bombeava meus últimos litros de sangue pelas artérias. Não desperdiçaria mais nenhuma lágrima pela vida dos que me deram as costas.

65   Talvez fosse o delírio da hiperatividade cerebral perto da morte ou uma epifania antes do derradeiro sopro, mas senti como se reconhecesse aquele momento. Compreendi que o esplêndido sorriso nos lábios de Mefisto não brotava do fa-

migerado sadismo demoníaco, mas em razão de ter visto que eu, finalmente, aceitara meu lugar.

66 Perdendo o fôlego, minhas últimas palavras foram exatamente as mesmas que ele prenunciara em um dos nossos encontros:

67 — Em tuas mãos... entrego... o meu espírito.

68 Estendeu a palma para que eu a pegasse, e meu sofrimento terminou. As dores nas feridas tornaram-se lembranças pestilentas de um corpo vulnerável, e todo meu receio em abraçar a heresia foi trocado pela certeza de uma alma livre dos dogmas terrenos.

69 Como um espectador solitário na plateia do Municipal completamente vazio, pude enxergar o mausoléu no centro do palco, de portão aberto, emanando o calor das labaredas do Tártaro.

70 À beira do tablado, Mefisto aguardava por minha mão com a mesma expressão maliciosa que mostrara no meu último pesadelo. Cedi à gentileza do seu chamado e, junto a ele, caminhei rumo aos pilares do *She'óhl*, pois não existia outro reino a que preferia pertencer.

71 Imperava o silêncio nas trevas onde eu estava, mas os beatos que admiravam meu cadáver pendurado ouviram o pior dos rugidos celestiais.

72 Elias foi o primeiro a reconhecê-lo. A temerosa alegoria bíblica de que a penúltima Trombeta do Apocalipse exterminaria a terça parte dos homens incitou seus berros alucinados.

73 — É a sexta... É a sexta!

74 Abrigou-se entre as cadeiras do auditório e tampou as orelhas com as mãos.

75 O solo começou a tremer, e nas paredes cresciam ranhuras. A força descomunal do estrondo afetara as estruturas do

teatro, provocando uma chuva de concreto sobre as cabeças dos que corriam para salvar suas vidas.

76   O gigantesco lustre na sala de concertos anunciava sua queda pelo retinir dos cristais que se chocavam. Como uma âncora de mais de uma tonelada e meia, despencou das alturas e interrompeu a fuga de quem tentava alcançar a saída pelo corredor principal.

77   Na implacável luta pela sobrevivência, desmascarou-se o individualismo de quem deveria seguir os ensinamentos da Sagrada Escritura a respeito de ajudar o próximo. Homens e mulheres que não tinham forças para acompanhar a maré de desesperados serviram de apoio aos calçados daqueles que os pisoteavam sem nenhuma índole cristã.

78   Imerso na minha serenidade póstuma, sentia-me pleno e alheio a toda balbúrdia. Cruzei em paz os umbrais do Abismo junto a Lúcifer e desci os degraus sem medo das chamas, selando meu destino ao escutar os portões infernais fecharem-se atrás de mim.

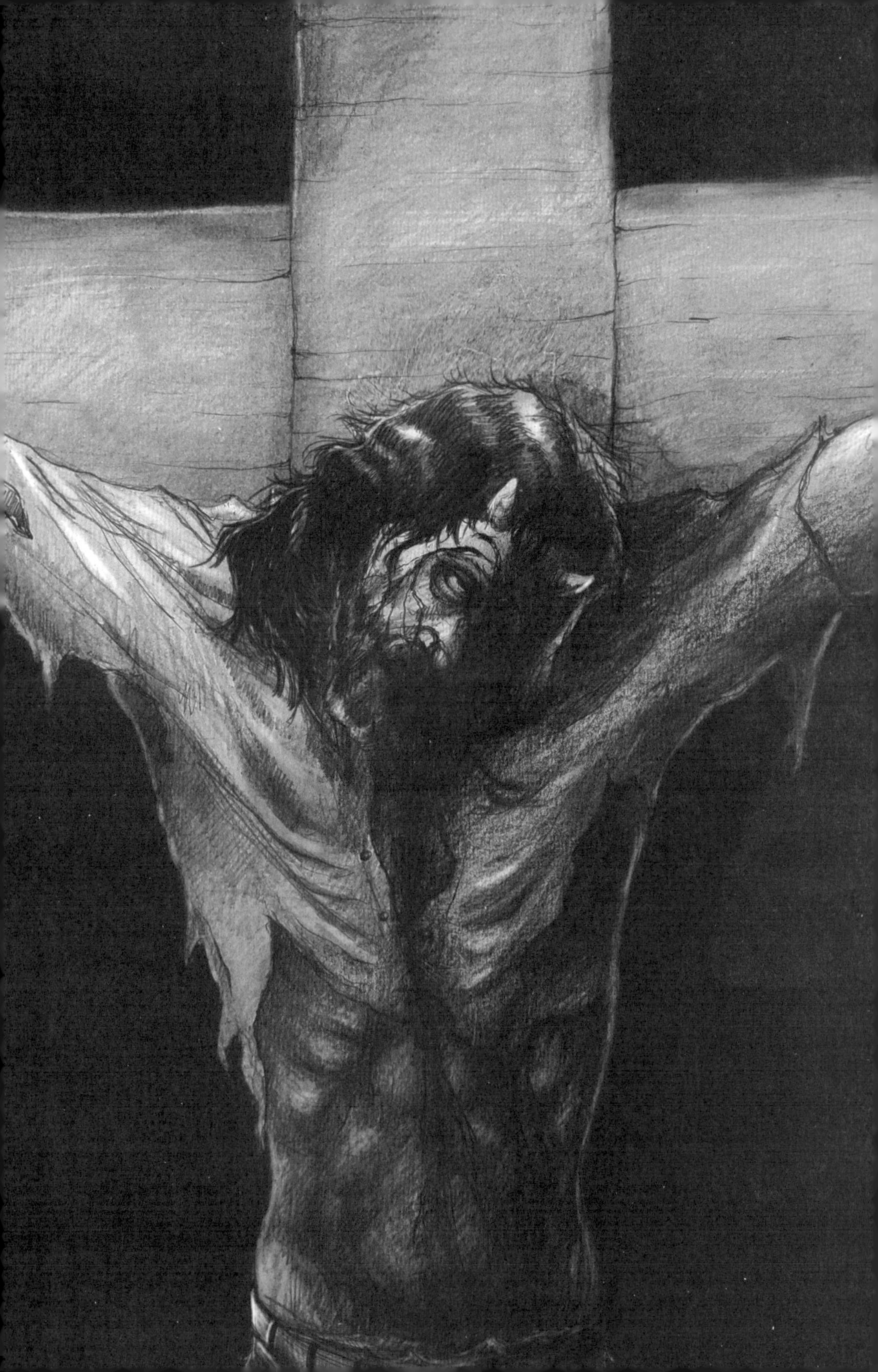

O dia da Ressurreição

A teologia do sacrifício sugerida em rede nacional pelo historiador encontrara na mão de fanáticos religiosos um meio para comprovar-se. Com a oferenda, a fúria divina dava sinais de esmorecimento.

Otimismo era o nome do perfume que balsamava as manhãs após o último terremoto e disfarçava o odor catinguento exalado do cadáver apodrecido da compaixão pelo próximo.

Passados três dias do pior desastre natural já registrado, os sobreviventes buscavam, na volta à rotina, o afastamento da culpa por terem idolatrado durante anos um filho do Diabo disfarçado. Não existia luto pela humanidade que perderam ao serem coniventes com o rito de imolação. Os individualistas famintos pelo próprio bem-estar haviam se alimentado da dor de um semelhante e não digeriam o mínimo remorso.

O vento embalava um desconforto invisível que pairava nas ruas. A semente de uma desejada era vindoura repleta do amor de Deus fora plantada por cínicos que a regaram com egoísmo. Profecias antigas envolvendo as danações que recairiam sobre aqueles que venerassem um falso ídolo ainda incomodavam os bitolados no misticismo crístico.

Fruto da agitação causada pelo êxito do embate travado entre os detentores do conhecimento nas áreas da ciência, crença e filosofia, a emissora que apresentara o encontro fizera questão de atender à petição por uma nova conversa para encerrar de vez o receio.

As televisões de todas as casas foram sintonizadas na mesma hora para dar audiência aos palestrantes da sabedoria.

"Em primeiro lugar, gostaria de agradecer aos nossos convidados por estarem mais uma vez conosco; e, pelo que a astronomia parece estar nos dizendo, em circunstâncias um pouco melhores. Não é isso?", deu início o anfitrião do programa, mais sereno que da vez anterior, dirigindo-se ao astrofísico.

"Três dias é um período curto de observação para afirmarmos qualquer coisa em relação às ações dos corpos celestes, mas, considerando que os eventos cresciam em força e em periodicidade, é cabível a hipótese de que o ápice da destruição possa, sim, ter ocorrido no último episódio."

"A ciência, então, reconhece que podemos ficar mais tranquilos a partir de agora?", insistiu.

"Seria uma declaração não oficial. É difícil prever a maneira como o Universo ordena seus fenômenos cósmicos. Estamos nos baseando em uma análise puramente terrena que parece coerente para nós."

Na sala de espera da clínica Alexandria, o primeiro homem que negara ajuda a Fausto assistia à entrevista ao lado de Giselle. O dr. Lucas e sua secretária, concentrados na TV, temiam a condenação de suas almas consagradas ao catolicismo pelo contrato do batismo.

"Mas também nos baseamos na fé", complementou o apresentador, voltando-se agora ao arcebispo: "Não estou certo, cardeal? Por mais condenável que seja o ato de matar uma pessoa, os religiosos acreditam que foi esse sacrifício que impediu o Apocalipse."

"A Santa Sé celebra termos tomado conhecimento da vontade de Deus antes que o sétimo anjo tocasse sua trombeta. Foi cumprida a imolação requerida pelo Todo-Poderoso, e agora nos cabe proclamar o Evangelho de Cristo com mais fervor para resgatar as almas daqueles que foram levados a crer em falsas profecias."

No pequeno televisor da recepção do prédio onde Fausto morara, o porteiro que havia permitido a invasão do exército dos justos também acompanhava a mesa-redonda. Era um devoto da imagem do ator, mas renegara-a ao primeiro sinal de fraqueza. Carregava no semblante a falta de empatia para com o morto, buscando de alguma forma perdoar-se pelas declarações de amor feitas ao integrante da Trindade Profana nos corredores do edifício.

"Mas Vossa Eminência precisa concordar que é um tanto controverso ter a quebra de um mandamento sagrado como ato determinante para nossa salvação", o jornalista escancarou a contradição. "Isso significa que podemos riscar o assassinato da nossa lista de pecados?"

"De modo algum! Jesus avisou que surgiriam falsos profetas para enganar os eleitos. Esse rapaz, que tantos celebravam por ser parecido com o nosso Salvador, usava a aparência de Cristo para nos confundir. Fingia falar em nome do Senhor para multidões que o assistiam sem saber que ele os induzia secretamente ao caminho da heresia. Continua sendo apenas de Deus o direito de tirar uma vida, mas nada O impede de usar nossas mãos para exercer Sua justiça."

"E você, professor?", requisitou, enfim, a participação do convidado de honra, aclamado por desvendar o grande segredo da conservação da vida. "Apesar de ter dito que o sacrifício humano deveria permanecer apenas como proposta de debate, sua incitação encorajou pessoas a consumarem o ritual. O senhor carrega algum arrependimento por suas declarações terem sido responsáveis pela crucificação pública de um homem no palco de um teatro em pleno século XXI?"

"Sou despido da soberba de presumir que minhas declarações possam alterar o comportamento de outros indivíduos", despiu-se não somente da soberba como também da culpa. "E cabe ressaltar que uma índole assassina só pode ser despertada se está adormecida. O que fiz foi apenas expor um antigo costume ritualístico, que acabou sendo consumado por falta de recursos materiais que nos afastassem da ideia de que iríamos morrer por uma suposta vontade sobrenatural. Caso possuíssemos tecnologia suficiente para compreender a atuação dos astros que rodeiam a matéria escura do Universo, quem sabe pudéssemos dar um nome às nossas aflições para, então, combatê-las devidamente por meio da ciência."

"O senhor não acha suficiente o ponto de vista da astronomia de que houve esse retrocesso dos eventos?"

"Como o próprio amigo astrofísico afirmou, trata-se de uma declaração não oficial, pois sabemos que navegamos à deriva num oceano de possibilidades invisíveis. Podemos muito bem estar na falsa calmaria do olho de um furacão, aguardando a chegada da hora mais devastadora de uma tormenta. Essa é uma possibilidade que não pode ser descartada, pois, se formos analisar o cenário atual com base na mesma teologia que nos levou ao sacrifício, eu diria que estamos no momento mais delicado da nossa sobrevivência", descarregou o pente com palavras de impacto que pegaram todos de surpresa; não era função do intelectual dourar a pílula de uma potencial tragédia.

Apreensiva na cozinha da sua casa, Laila encontrava-se antenada ao programa enquanto terminava o desjejum. Na pele, o tom arroxeado dos dedos de Fausto carimbados em seu pescoço cedia lugar a tonalidades esverdeadas.

As marcas lembravam-na de que fora tocada pelo mal por vontade própria. Adulara chifres demoníacos, entregara seu corpo ao profano e usara a mágoa como escudo após ter perdido o fôlego nas mãos da perversidade.

Embora quisesse se esquecer de ter flertado com o satânico, da noite de luxúria não restaram apenas os hematomas mas também um incômodo sexto sentido que a fez pôr a mão sobre o ventre.

"Mas essa interrupção também não está de acordo com o entendimento de que o que vinha ocorrendo era algo bíblico?", contrapôs o anfitrião, com a face corrompida pelo nervosismo. "Não foi feita a oferenda para acalmar a ira de Deus?"

"Foi, de fato, mas ainda resta acontecer um episódio de extrema importância na fé cristã." Olhou para o arcebispo, trazendo-o mais uma vez para a conversa. "Acredito que Vossa Eminência saiba a que me refiro."

"A volta de Jesus no terceiro dia", respondeu o cardeal, com a graça do olhar ofuscada pela suspeita do que estaria por vir.

"É justamente esse o motivo da multidão de penitentes em vigília fervorosa na frente do Municipal. Jesus havia profetizado a própria morte na cruz e Sua posterior ressurreição aos discípulos, pois Lhe havia sido revelado qual era o plano de Deus para a redenção. Se Ele tivesse ficado na cama funerária onde José de Arimatéia O havia sepultado, a aura de Messias provavelmente se perderia."

Todas as paróquias que financiaram o sacrifício que suspenderia a cólera divina compareceram diante do majestoso mausoléu que o teatro se tornara. À espera de um milagre no dia da máxima provação, a massa de fiéis entoava salmos, enfeitada com inúmeras cruzes, círios e cartazes de louvor.

Elias conectava-se com sua fé por meio da reza. De olhos fechados e mãos viradas para o céu, regia a mesma histeria refletida nos fanáticos, aguardando a segunda vinda de Cristo para seu reinado milenar ao lado dos justos.

Cegos pela ideia de que o corpo etéreo do Todo-Poderoso era feito de amor e de que o perdão era a seiva de sua deidade, ninguém ousara olhar para o lado contrário, exceto pelo filósofo do caos, que, na contramão do otimismo celebrado por todos, advertiu:

"O feito de Jesus, o de ter sido capaz de retornar dos mortos três dias após a Crucificação, foi o que confirmou Sua divindade, e, nesse jogo de opostos, se a morte do Filho de Deus foi primordial para redimir nossos pecados, a morte do filho de Lúcifer talvez nos reserve a condenação."

A fala do historiador receberia vaias consagradas caso fosse dita por um padre durante a liturgia. Ainda que sua interpretação pessimista tivesse base religiosa, pregava um conhecimento oposto ao da Palavra da Salvação, tão aclamada após a leitura do Evangelho.

Seu presságio negativo não viveu para receber o desprezo dos beatos, pois, assim que encerrou sua sentença, o chão do estúdio começou a balançar.

Rostos apavorados em rede nacional espelhavam o desespero da população. Os convidados não sabiam como agir entre tripés caindo e lâmpadas estourando no estúdio.

O porteiro do prédio de Fausto acompanhou os últimos segundos de transmissão televisiva antes de a imagem ser retirada do ar. Incomodado pelo som penetrante que ecoava do infinito, suas mãos bloquearam os ouvidos. Cambaleou até a rua como pôde e esbarrou em outros aflitos que olhavam para cima ou retorciam-se no asfalto, afetados pela frequência do ruído. As janelas do edifício estilhaçaram-se perante si, e os estalos do cimento anteciparam o iminente desmoronamento da estrutura que abrigara o Falso Profeta.

Rastejando para debaixo de sua mesa repleta de patronos religiosos, o dr. Lucas preferiu as estátuas idolátricas aos retratos da família. Sua última visão não seria o sorriso dos filhos, mas a expressão marmorizada de uma peça explorada pelo capitalismo cristão. O derradeiro abraço não seria dado na esposa devotada ao casamento, mas em um pedaço barato de cerâmica vendido às margens da basílica de Nossa Senhora Aparecida.

Laila, apoiada na bancada que já havia derrubado o televisor, encharcava as calças com o sangue que jorrava do ventre. O líquido viscoso coloria o piso de vermelho, e o teto ameaçava despencar. Vaidosa pela inteligência adquirida por meio de obras escritas por pensadores falecidos, tinha os neurônios sendo assassinados pela vibração do sonido cortante que atravessava seu cérebro. Com o pensamento embaralhado, de nada serviu sua bibliografia de filósofos quando não soube o que fazer para atenuar suas dores.

No Municipal, a massa religiosa foi impedida de rezar. As palmas que estavam unidas em oração colaram-se às orelhas após o berro celeste, e os mais fracos prostraram-se por receio da sétima trombeta.

Apesar dos tímpanos perfurados, que sangravam, Elias mantinha-se fiel à adoração. Os braços trêmulos sustentavam as mãos viradas para o céu e os joelhos se negavam a dobrar. Como Cristo suportara as chagas da Crucificação, ele também haveria de reinar frente a flagelos da vontade de Deus.

A voz da destruição que vinha do espaço sentenciando o final dos tempos foi implacável. Sua onda sonora mais violenta caiu sobre a Terra como um maremoto trazendo o extermínio. Construções vieram abaixo, e nuvens de poeira ergueram-se, acinzentando o horizonte.

O Theatro Municipal também não suportou a fúria que abalava o planeta. Sua fachada opulenta começou a ruir e a estrutura centenária de concreto e mármore desmoronou. A música tocada pelo sétimo anjo no firmamento foi sua peça de encerramento.

Entre os escombros da casa de espetáculos, a cruz com o defunto de Fausto perdurava, inerte, no palco a céu aberto. Firme em meio ao caótico tremor destrutivo, o sacrificado escancarava ao mundo a extrema consequência dos pecados da humanidade.

Junto ao grito sideral mais devastador, um feixe de luz abriu as nuvens com timidez. Elias foi guiado pelo traço luminoso e viu-o resvalar na pele amarela e enrugada do cadáver crucificado, conferindo-lhe uma inexplicável aura de abençoado, apesar do seu contorno profano.

Esmagado pela culpa que pesava em seus ombros, o homem, enfim, ajoelhou-se. Aos prantos e ensurdecido, buscou o perdão em uma prece ardorosa, que soava muda frente à voz estrondosa que ecoava da atmosfera. A chave para os mistérios de Deus não lhe fora entregue, como acreditara ao liderar a imolação, e sentia-se abandonado em um labirinto de incertezas teologais. Em vez de apontar-lhe uma saída, sua vida dedicada ao Evangelho empurrava-o em direção do cerne do remorso por ter procurado a salvação sob as asas do egoísmo.

No horizonte nublado, uma claridade cada vez mais intensa resplandecia na paisagem. Sentiu-se um mormaço penoso que queimava como se as labaredas do Tártaro tivessem arrombado seus portões para reivindicar os novos radicados do Inferno.

Elias olhou para cima e contemplou a chegada da Estrela da Manhã. Espavorido, recitou a fala de Lúcifer em uma profecia de Isaías:

— "Subirei aos céus e erguerei o meu trono acima das estrelas de Deus. Eu me assentarei no monte da assembleia, no ponto mais elevado do monte santo. Subirei acima das mais altas nuvens, e serei semelhante ao Altíssimo."

Como ciência e religião, o satânico e o sagrado confundiram-se no Apocalipse. O disparo cósmico expelido pelo turbulento anel de Sagitário perambulara pelo infinito durante vinte e sete mil anos-luz para cair sobre a Terra como um raio devastador, trazendo a verdadeira luz às trevas do pecado.

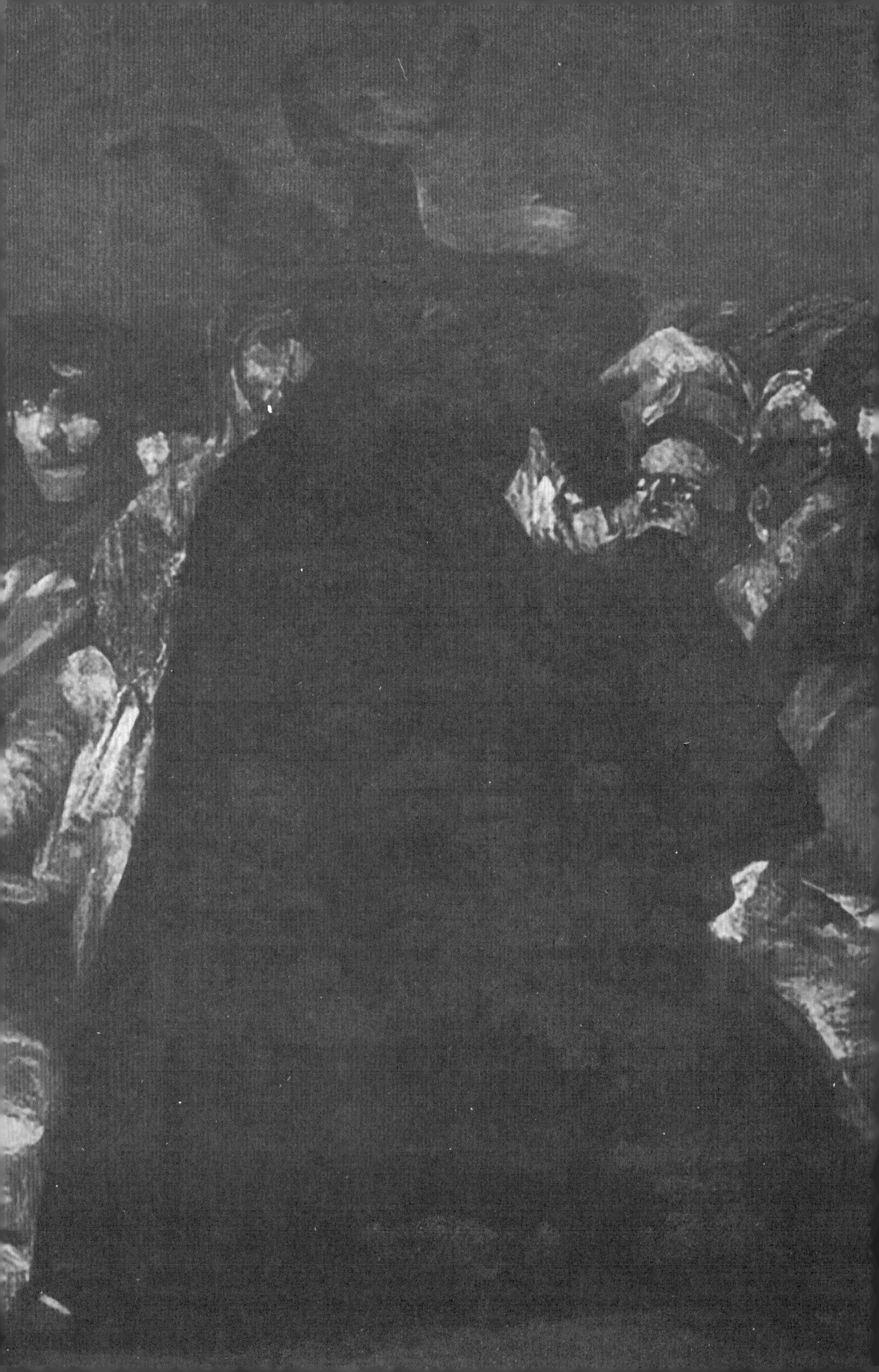

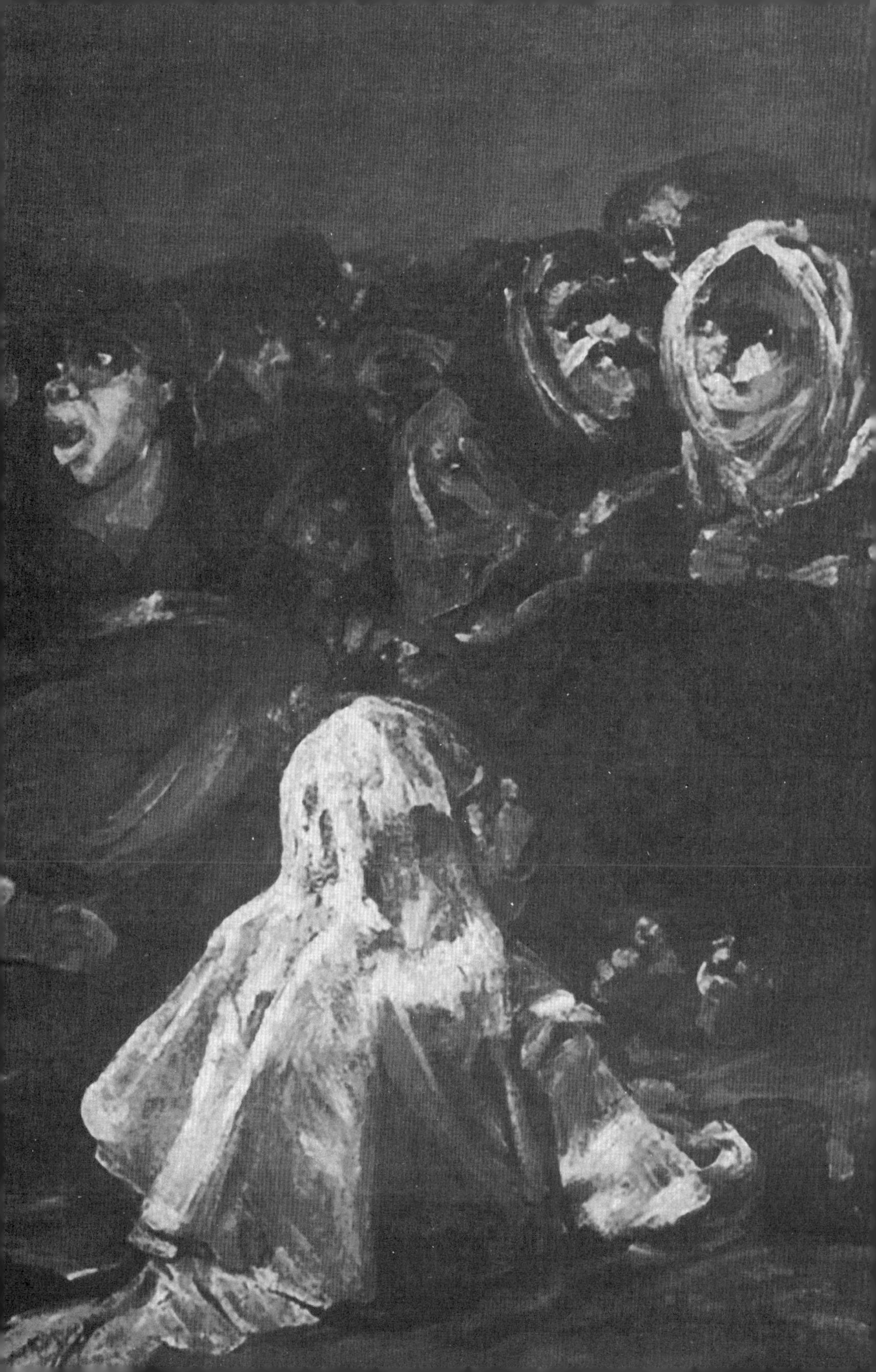

Marcos DeBrito

Marcos DeBrito é cineasta, escritor e professor de direção e roteiro. Nascido em Florianópolis, é graduado em cinema pela Fundação Armando Álvares Penteado (FAAP) e especializado em escrita criativa. Teve aulas com Robert McKee em seu célebre seminário *Story*, a partir do qual criou sua própria oficina de direção e roteiro audiovisual, realizada em diversos locais pelo Brasil, e também o curso *Fundamentos de roteiro e narrativa*, que ministra na LabPub. Escreveu, dirigiu e produziu curtas e longas-metragens de suspense e terror, pelos quais foi premiado diversas vezes dentro e fora do país; ganhou dois Kikitos no prestigiado Festival de Gramado, em 2001 e 2007. Consolidado na literatura nacional, teve um de seus romances, *À sombra da lua*, indicado ao Prêmio Jabuti de literatura em 2013, e constantemente participa de painéis, eventos e mesas sobre temáticas envolvendo os gêneros terror e suspense. Vive em São Paulo com sua esposa e filhos. *Apocalipse segundo Fausto* é sua décima obra publicada.

Acompanhe o autor:
www.instagram.com/marcos_debrito
www.facebook.com/marcoshgdebrito
twitter.com/marcos_debrito

Para saber mais sobre os títulos e autores do
GRUPO EDITORIAL COERÊNCIA, visite o site
WWW.EDITORACOERENCIA.COM.BR
e curta as nossas redes sociais.

Além de informações sobre os próximos lançamentos, você terá acesso a conteúdos exclusivos e poderá participar de sorteios, promoções e eventos.

@GRUPOEDITORIALCOERENCIA

FB.COM/GRUPOEDITORIALCOERENCIA/

Av. Paulista, 326, cj 84
Bela Vista - São Paulo - SP - 01.310-902

LILIAN@EDITORACOERENCIA.COM.BR

(11) 3287-1614

Não perca a oportunidade de realizar o sonho de se tornar um escritor.
Envie seu original para o nosso e-mail e
PUBLIQUE CONOSCO.

Grupo Editorial
coerência

Esta obra foi composta nas fontes ITC Legacy Serif e Bembo,
tamanho 12 pt, e impresso em papel pólen bold 90g/m².
São Paulo, junho de 2020